Seier over Satan

Seier over Satan

Seier Over Satan

Erfaringer med onde ånder fra verden rundt i slutten av boken

Forfatter
Tom Arild Fjeld

ISBN 978-82-93410-31-7

Seier over Satan

Forord

Det er med stor ydmykhet, og jeg anser det
som en stor ære, å skrive dette forordet. Pastor
Tom er kvintessensen leder; en mann etter
Guds hjerte, en mann med et stort kall, en
mann full av Guds Ord og kraft, en stor
forbeder og en trofast soldat for Kristus. Hans
bøker ble født ut av en guddommelig inspirert
ånd, dypt forankret i de hellige skrifter,
Bibelen, Guds Ord. En del av djevelens
strategi, er at han vil få oss til å leve et
blodfattig liv i nederlag, ved daglig å forsømme
studie av Guds Ord. Det er derfor Gud har lagt
ned i pastor Tom disse store ord, for å hjelpe
Hans barn til mer kunnskap om Ham og Hans
rike. Kraften kommer fra hva du vet - og
hvordan du kan bruke det du vet, for å lede deg
inn i åpenbaring, veiledning og inspirasjon av
Den Hellige Ånd. Følg pastor Tom idet han tar
deg med på åndelige treningsøkter, på det
åndelige treningsstudioet. Du vil bli
oppmuntret til å tro Gud for det umulige. Disse
bøkene er et "must" for enhver troende som har
et uoverstigelig ønske om å flytte og bo på
neste nivå. Du kommer til å få deg en
oppvekker, til å dykke dypere inn i det som er
av Gud.

Pastor, Dr. Morris Cerullo

Seier over Satan

Seier over Satan

INNHOLD

Seier over Satan

Forord
Seier over Satan

Hva dette emne angår, har det vært mange misforståelser. Det kommer da igjen selvfølgelig av liten erfaring, åpenbaring og innsikt i Guds Ord på området.

Bibelen sier: "Dere skal kjenne sannheten og sannheten skal frigjøre dere." (Joh 8, 32)

Det er først når vi kjenner sannheten at vi blir frie. Hvis vi ikke kjenner sannheten, tror vi så lett løgnen! Det Gud har vist meg gjennom erfaring og åpenbaring i Sitt Ord, vil jeg gi videre til dere.

Jesus sier: "Herrens Ånd er over Meg, fordi Han har salvet Meg til å forkynne evangeliet for fattige." (Evangeliet er for dem som innrømmer overfor seg selv, at de har et behov som ikke de materielle ting kan dekke).
«Han har utsendt meg for å forkynne fanger at de skal få frihet. (Jesus kom med frihetens budskap til dem som var fanget i sin ånd/sjel/personlighet), og blinde at de skal få syn (Jesus er verdens lys)».

Det er Han som vil gi oss syn, så vi kan se hva vi har i Ham. Han vil vi skal oppleve å komme inn i det overflodslivet som det er å leve som en kristen - i fellesskap med Ham.

Seier over Satan

Sette undertrykte i frihet (frihet for dem som
opplever å leve et liv knuget ned av tanker,
følelser og et vanskelig viljeliv). En virkelighet
som en opplever som et angrep mot ens rett til
å leve, et liv i harmoni med Gud og
mennesker." (Lukas 4, 18)

Det vi leste nå, var Jesu program for 2000 år
siden, og det er det samme Jesu program i dag.
Dette vil Han utføre gjennom Sitt legeme, som
er alle de som er født på ny.
Denne boken er ment som en lærebok og en
opplysningsbok av åndelige sannheter.

Bibelen sier: "Jesus Kristus er i går, i dag den
samme, ja til evig tid." (Heb 13, 8)

Jeg vil legge disse sannhetene ut for deg på en
enkel måte, slik Bibelen taler om det. Og jeg
vil også ta med viktige ting av åndelige
sannheter til ånd, sjel og legeme. Likedan vil
jeg også forklare en del om den sataniske og
demoniske aktivitet og inntreden i verden i vår
tid.

Det er så mange ting, når det gjelder Satan og
demonenes aktivitet som vi må få kjennskap til.
Satan har vevd seg inn i hele
samfunnsstrukturen, på alle måter, men seieren
er vår i Jesu navn. Skal vår oppgave fra Herren
kunne bli utført så Jesus kan komme igjen, må
vi starte nå.

Seier over Satan

Vi må kjenne Satans strategier og vi må vite
hvem vi selv er i Kristus Jesus. Dette er to
nøkkelting for et liv i seier.

Gud vil bruke deg i en utfrielsestjeneste. Han
vil personlig gi deg, gjennom dine kommende
erfaringer, det du vil trenge av åndelig kraft og
visdom utover det du får her i boken.
En voodoo prest på Haiti sa: "For å løse opp en
knute, må du først vite hvordan den er knytt."
Ja, en Satans tjener sa det, men sant er det.
Boken begynner med det viktigste av alt: Jesu
Kristi forsoningsverk på Golgata, Jesu blod og
autoriteten i det.

De døve hører
Hørsel tilbake til de døve, var det første
overnaturlige, guddommelige jeg opplevde
som kristen. Dette begynte å skje øyeblikkelig
da jeg ba for dem med hørselshemninger. Bare
noen uker etter jeg ble frelst, begynte det og
skje, og har fulgt meg siden den gang.

"Men da Jesus så at folket løp til, truet Han den
urene ånd og sa til den: Du målløse og døve
ånd! Jeg byr deg: Far ut av ham, og far aldri
mer inn i ham. Da skrek den og slet hardt i
ham, og for ut av ham. Og han ble som død, så
de fleste sa: Han er død. Men Jesus tok ham
ved hånden og reiste ham opp, og han stod
opp." (Mark 9,25-27)

Seier over Satan

Jeg vil gjerne ha dette som en start på boken,
slik at vi fra begynnelsen er enige om og
forstår - at sykdommer, besettelser, bindinger
og undertrykkelse er demoner (eller onde
ånder, urene ånder).
Alt vi forholder oss til i livet er av åndelig
karakter og har styring der fra.
Alt på jorden i den tredimensjonale verden, den
fysiske verden, styres fra det usynlige. Fra den
skjulte verden for det menneskelige øyet, den
åndelige verden.

De 3 mest nødvendige ting
1 kjennskapen om Kristi verk på Golgata

2 Overgivelsen til Kristus, så Hans seier kan
virke gjennom deg

3 Kunnskapen om Satans strategier, hans
angrepsmetoder og verktøyet som vi bruker i
seierskrigen mot ham

Er ikke Satan beseiret?
Hvorfor må vi kjempe imot ham hvis han er
beseiret? Jeg kommer her med et par
bibelsteder.

"Alle ting la Du (Gud) under Hans (Jesu)
føtter. For idet Han underla Ham alle ting,
unntok Han intet som ikke er Ham underlagt,

Seier over Satan

men nå ser vi ennå ikke at alle ting er Ham underlagt." (Heb 2, 8)

Videre i 1 Korinterbrev leser vi: "Deretter kommer enden, når han overgir riket til Gud og Faderen, etter at Han har tilintetgjort all makt og all myndighet og velde.

For Han skal være konge inntil Han får lagt alle Sine fiender under Sine føtter.

Den siste fiende som tilintetgjøres er døden. For Han har lagt alt under Hans føtter. Men når Han sier at alt er Ham underlagt, så er det klart at Han er unntatt som har underlagt Ham alt.

Men når alt er Ham underlagt, da skal også Sønnen selv underlegge seg Ham som la alt under Ham, for at Gud skal være alt i alle." (1 Kor 15, 24-28)

"Og djevelen som hadde forført dem, ble kastet i sjøen med ild og svovel, hvor dyret og den falske profet var, og de skal pines dag og natt i all evighet. Og døden og dødsriket ble kastet i ildsjøen. Dette er den annen død i ildsjøen. Og hvis noen ikke fantes skrevet opp i Livsens Bok, ble han kastet i ildsjøen. (Det er etter dommens dag)" (Åp 20, 10.14.15)

Her får Satan sitt endelikt

Seier over Satan

Kristus vant en evig seier, men den blir ikke fullt effektivisert før etter dommen som vi ser her. Hadde den allerede vært effektivisert, hadde vi hatt himmelske tilstander nå.
Dette er årsaken til at vi må kjempe imot en fiende, som er beseiret. Men seieren er vår hver gang vi bruker våre våpen mot Satan og demonene.

Se hva Paulus sier i brevet til efeserne:
"For vi har ikke kamp mot blod og kjøtt, men mot makter, mot myndigheter, mot verdens herrer i dette mørket, mot ondskapens åndehærer i himmelrommet. Ta derfor Guds fulle rustning på, så dere kan gjøre motstand på den onde dag og stå etter å ha overvunnet alt. Så stå da omgjort om deres lend med sannhet, og ikledd rettferdighetens brynje, ombundet på føttene med den ferdighet til kamp som fredens evangelium gir. Og grip foruten alt dette troens skjold, hvormed dere kan slukke alle den ondes brennende piler. Og ta frelsens hjelm og Åndens sverd, som er Guds Ord." (Ef 6, 12-17)

Vår motstander driver oss til Kristus. Hadde vi levd i en himmelsk tilstand, hadde ingen søkt Kristus. (For da var vi i det himmelske livet hvor ingen Satan og demoner var). Vi er her på jorden og vi er gitt våpnene som seirer hver gang de brukes. Det er seier over Satan.

Forfatter, Tom Arild Fjeld

Seier over Satan

Forkynneren og verdensevangelisten
Tom Arild Fjeld har reist over hele verden og
forkynt evangeliet siden han var en ung mann
på 21 år. Han hadde hverken tenkt å bli en
kristen eller å bli forkynner, men Gud hadde
andre planer. Han har reist i 58 nasjoner og har
hatt på sitt hjerte å gå inn der andre ikke har
vært før ham. I møtene har det vært samlet alt
fra 100 til 100 000 mennesker.
Utfrielse fra demoner, helbredelse og frelse har
vært hans bannere. Ved siden av det har han
også en lærertjeneste som han også benytter
over alt hvor han kommer. Det profetiske i
hans liv gir seg til kjenne gjennom hans type
budskaper og bøker.

Han er en typisk "proklamatør", en "herold" i
sin proklamasjon av evangeliet som evangelist.
Som lærer skinner tydelig hans åpenbaring i
Skriften igjennom.
Han underviser og lærer mennesker som bærer
et kall i sitt hjerte, på en praktisk måte, hvordan
de skal gripe og komme inn i de forskjellige
nødvendige åndelige områder i tjenesten.
Hans bøker og taler er for den tiden vi lever.
Som han selv sier: "Uten åpenbaring i Skriften
er vi utdaterte som forkynnere."

Tom Arild Fjeld er nå 63 år, men opplever å
være på en ny sterk start i tjenesten for Herren.

Seier over Satan

Jeg vil anbefale på det varmeste å lese alle hans bøker og få et godt inntrykk av denne mannens liv og tjeneste for Gud.

Evangelist Rune Larsen

Seier over Satan

Mannen på korset

Han ga Sitt liv – ingen kunne ta det
Barnabas ble frikjent, mens Jesus ble pisket med den ni-halede pisken, kalt "katten".

Bibelen sier: "Da ga han dem Barabbas fri, men Jesus lot han piske og overga Ham til å bli korsfestet." (Matt 27, 26)

Da de slo Ham med denne pisken, var det som en katt grep Han bakfra med klørne. Men den virkelige torturen var når de dro pisken tilbake. Da ble han bokstavelig talt revet i biter av den nihalede pisken. På de ni halene var det festet små beinbiter, jernbiter og glassbiter.
For en vanlig dødelig menneskekropp, ville behandlingen av dette fryktelige torturredskap alene kunne forårsake døden.

Bibelen sier: "Syndens lønn er døden, men Guds nådegave er evig liv i Kristus Jesus, vår Herre." (Rom 6, 23)

Jesus var uten synd, Han var Guds hellige. Han var Guds egen Sønn med Sin Fars blod i Sine vener og arterier.

Seier over Satan

Han kunne ikke dø. De slo Ham 39 ganger med dette grusomme torturredskapet. De slet Ham i filler. Hvilken tragedie!

Bibelen sier: "Mange ble forferdet over Deg - så ødelagt var Han, Han lignet ikke en mann, Han så ikke ut som et menneske." (Jes 52, 14)

Og i denne tilstanden, tok de av Ham klærne og ga Ham en purpurfarget kappe. Satte en tornekrone på Hans hode og ga Ham en rørstav i hånden. De knelte ned foran Ham, spottet og sa: "Hyll jødenes konge" De spyttet på Ham, tok staven ifra Ham og slo Ham i hodet med den. Etter at de hadde spottet slik, tok de på Ham klærne igjen og ledet Ham bort for å bli korsfestet. De la korset på Hans skuldre for at Han skulle bære det.

Soldatene spotter Jesus

"Landshøvdingens soldater tok da Jesus med seg inn i borgen og samlet hele vaktstyrken omkring Ham. De kledde av Ham og hengte en skarlagenrød soldatkappe på Ham, flettet en krone av torner og satte den på hodet Hans og ga Ham en stokk i høyre hånd. De falt på kne foran Ham, hånte Ham og sa: «Vær hilset, du jødenes konge!» Og de spyttet på Ham, tok stokken og slo Ham i hodet. Da de hadde hånt Ham, tok de av Ham kappen og kledde Ham i Hans egne klær." (Matt 27, 27-31)

Seier over Satan

Jesus blir korsfestet

Så førte de Jesus bort for å korsfeste Ham. På veien ut møtte de en mann fra Kyréne ved navn Simon; ham tvang de til å bære korset Hans. Så kom de til det stedet som kalles Golgata, som betyr «hodeskallestedet». Der naglet de Ham til korset. Der hang den levende Guds Sønn, opphengt på et kors mellom himmel og jord. Han hadde blitt torturert på den mest ondskapsfulle måten med pisken. Etter den behandlingen, hengte de Ham opp på korset. Der hang Han og kunne ikke dø, for døden var syndens lønn - og Han hadde ikke synd.

"Syndens lønn er døden, men Guds nådegave er evig liv i Kristus Jesus, vår Herre." (Rom 6, 23)
Der hang Han i den forferdeligste situasjon. Over hodet Hans hang det et skilt med tiltalen mot Ham: «Dette er Jesus, jødenes konge». To røvere ble også korsfestet sammen med Ham, en på hver side.

Bibelen sier: Over Jesu hode hadde de satt opp en innskrift med anklagen mot ham: «Dette er Jesus, jødenes konge.»
Sammen med Ham ble også to røvere korsfestet, en på høyre og en på venstre side."

De som gikk forbi, spottet og sa: "Du som river ned tempelet og bygger det opp igjen på tre

Seier over Satan

dager, frels Deg selv. På samme måte stoppet
også yppersteprestene og de skriftlærde, og de
sa: Andre har Han frelst, men Seg selv kan Han
ikke frelse. Han sier Han er Israels konge - la
Han stige ned fra korset så skal vi tro på Ham."
(Matt 27, 37.38)

"De som gikk forbi, ristet på hodet og spottet
Ham:

«Du som river ned tempelet og bygger det opp
igjen på tre dager! Hvis Du er Guds Sønn, så
frels Deg selv og stig ned av korset!»

På samme måte hånte også overprestene Ham
sammen med de skriftlærde og de eldste. De
sa: «Andre har Han frelst, men Seg selv kan
Han ikke frelse. Han er jo Israels konge; nå kan
Han stige ned av korset, så skal vi tro på Ham!
Han har satt Sin lit til Gud." (Matt 27, 39-43)
Det som folket rundt korset ikke forsto, var at
Jesus kunne ha steget ned fra korset, og i det
samme fått Sin fysiske kropp gjenopprettet.
Deretter kunne Han straffet dem. Men Han
gjorde ikke det. Det var ikke naglene som holdt
Ham til korset, men kjærligheten til
menneskeheten, til deg og meg!

Det var vi som skulle hengt der. Jesus var uten
synd: Han var Guds hellige. Han tok din og
min synd på Seg, slik at vi skulle gå fri. I
samme stund som naglene ble drevet gjennom

Seier over Satan

Ham, så begynte blodet Hans å flyte. (Den
gamle pakts offertid opphørte her på Golgata
og en ny tids æra begynte. Det aller siste offer
mellom Gud og mennesket).

På helvetes dørterskel

En av røverne som hang ved Jesu side, ropte til
Ham og sa: "Jesus, husk på meg når du
kommer i Ditt rike! Jesus sa til ham: "Sannelig
sier Jeg deg: I dag skal du være med Meg i
Paradis." (Luk 23, 42.43)

Nå startet nådens og åpenbaringens tidsalder
"Gjeldsbrevet mot oss slettet Han, det som var
skrevet med lovbud; Han tok det bort fra oss da
Han naglet det til korset." (Koll 2, 14)
Det var den hellige Guds blod som fløt for dine
og mine synder.
"En av forbryterne som hang der, spottet Ham
også og sa: «Er ikke du Messias? Frels da Deg
selv og oss!» Men den andre irettesatte ham og
sa: Frykter du ikke Gud, enda du har samme
dom over deg? For oss er dommen rettferdig,
vi får bare igjen for det vi har gjort. Men Han
har ikke gjort noe galt.» Så sa han: «Jesus,
husk på meg når Du kommer i Ditt rike!» Jesus
svarte: «Sannelig, Jeg sier deg: I dag skal du
være med Meg i Paradis." (Luk 23,39-43)

Hvilken demonstrasjon, hvilken proklamasjon,
hvilken kjærlighet midt i smertene! Djevelen

Seier over Satan

var forvirret. På den ene siden ville han se
Jesus død, og på den andre siden prøvde han å
friste Ham til å komme ned fra korset. Og midt
i all denne tragedien visste Jesus hvorfor Han
kom inn i denne verden. Han rev bokstavelig
talt denne røveren ut av djevelens grep på
helvetets dørterskel. Han sa: «I dag skal du
være med Meg til Paradiset». Hvilken mann,
hvilken Jesus.

Seier over Satan

Han ga Sitt liv

"Fra den sjette time falt det et mørke over hele landet helt til den niende time.

Og ved den niende time ropte Jesus med høy røst: « Elí, Elí, lemá sabaktáni?» Det betyr: " Min Gud, Min Gud, hvorfor har Du forlatt Meg? Noen av dem som sto der, hørte det og sa: "Han roper på Elia." Og en av dem løp straks fram, tok en svamp og fylte den med vineddik, satte den på en stang og ville gi Ham å drikke. Men de andre sa: «Vent, la oss se om Elia kommer for å redde Ham.» Men Jesus ropte igjen med høy røst - og oppga ånden. Da revnet forhenget i tempelet i to, fra øverst til nederst. Jorden skalv, og klippene slo sprekker. Gravene åpnet seg, og kroppene til mange hellige som var sovnet inn, ble reist opp. Etter Jesu oppstandelse gikk de ut av gravene og kom inn i den hellige byen, hvor de viste seg for mange." (Matt 27,45-53)

Bibelen sier at Gud ved dette "avvæpnet maktene og myndighetene (djevelens hærskarer) og stilte dem åpenlyst til skue da Han viste Seg som seierherre over dem på korset." (Koll 2,15)

Jesus kunne ikke dø, for syndens lønn er døden. Men der på korset lot Jesus hele verdens synd - og resultatet av den - ramme seg

Seier over Satan

selv. På grunn av Sin evige kjærlighet til deg
og meg, tok Han som var uten synd, din og min
synd på seg. Det var du (og meg) som skulle
dødd i syndens grep.
Jesus Kristus, Guds levende Sønn ga Sitt liv
der på korset som den store triumfator for oss.
Ingen kunne ta Hans liv – Han ga det som et
evig offer for oss.

"Sannelig, våre sykdommer tok Han, våre
smerter bar Han. Vi tenkte: Han er rammet,
slått av Gud og plaget. Men Han ble såret for
våre lovbrudd, knust for våre synder. Straffen
lå på Ham, vi fikk fred. Ved Hans sår ble vi
helbredet." (Jes 53, 4.5)

Hva folket ikke så
Etter at Jesus hadde gitt Sitt liv på korset,
begravde de Ham. Da kom en rik mann som
het Josef. Han var fra Arimatea og var også
blitt en disippel av Jesus. "Han gikk til Pilatus
og ba om å få Jesu kropp. Pilatus ga da ordre
om at den skulle bli utlevert. Josef tok Jesu
kropp, svøpte den i et rent linklede og la den i
en ny grav, som var hugget ut til ham selv i
bergveggen. Så rullet han en stor stein foran
inngangen og gikk." (Matt 27,57-60)

I ånden gikk Jesus inn i dødsriket som den
store triumfator. Han gikk inn i djevelens
tronsal. Djevelen hadde en fest gående, for han

trodde han hadde drept Jesus. Men der kom Jesus inn til han, i majestet og sa med autoritet: «Gi Meg nøklene til døden og dødsriket!»

Bibelen sier at Jesus sa: "Frykt ikke! Jeg er den første og den siste og den levende. Jeg var død, men se, Jeg lever i all evighet, og Jeg har nøklene til døden og dødsriket."
(Åp 1,18)

Djevelen falt ned skjelvende og ga Jesus nøklene.
Jesus forlot den evig beseirede djevelen og låste opp dørene for de gamle hellige som hadde ventet på denne dagen. Den totale evige seier var vunnet - og Jesus fortsatte Sin seiersmarsj.

Seier over Satan

Seier over Satan

Autoriteten i Jesu blod

Jesu blod er helt ubeslektet med Adams blod. Jesus ble ikke unnfanget ved en eggcelle fra Maria, det lå på et guddommelig, mye høyere plan. Også vi er åndelige skapninger. Vi er på et annet nivå, selv om vi ikke alltid føler det i hverdagen. Men Herren vil at det skal bli et fundament inni oss. Så midt i problematikken så er det seier, et "grunnfeste" i oss som gjør at vi er bevisst vår seiersposisjon. Selv om vi står midt i et problem, så er vi hevet over det.

"Gud dannet et legeme for Kristus og la det i Marias liv." (Heb10,5) "Jesus Kristus (som person) kom ned fra himmelen og inn i Marias liv." (Salme 107,20)

Og denne personen som ble lagt inn i Marias liv hadde Guds eget blod i Sine årer. Jesus Kristus kom ned fra himmelen og ble født her på jorda. Fullt menneske og fullt Gud.

"Og Ordet ble kjøtt og tok bolig i blant oss. Og vi så Hans herlighet, en herlighet som den enbårne Sønn har fra Sin Far, full av nåde og sannhet." (Joh 1,14)

Seier over Satan

Her kom det til jorden en helt spesiell person, Guds egen Sønn - Gud selv. Han vandret på jorden i 33 år, men mennesker forstod det ikke, for de hadde ikke noen åpenbaring. Men Kristus vandret på jorden med Guds hellige blod i Sine årer. Og blodet ble bevart like hellig og rent for all evighet. Det ble aldri tilsmusset. Derfor kunne Jesus si det Han sa: "Jeg er veien, sannheten og livet." (Joh 14,6)

Hva slags type liv var det Jesus hadde? Han hadde Guds type liv, Guds natur. Alfa og Omega-livet, Han hadde det evige livets natur. Dette kunne Han si fordi Han var uten synd. Hadde disiplene hatt en smule av åpenbaring ville de forstått at Han var livet. Og Han er ikke bare livet, Han er livets opphav.
Han er livet. På det hellige og rene blodets grunnlag. Slik var Jesus når Han kom hit ned.

"Da sa Maria: "Se, jeg er en Herrens tjenerinne. Meg skje etter Ditt Ord". Og engelen skiltes fra henne." (Luk 1,38)

Allerede her var Maria villig. Hun behøvde ikke ha gjort det, hun kunne ha sagt «nei» og gått imot Herrens Ord. Men hun sa «ja» - og hun ble redskapet.

Vers 39-46: "Men Maria sto opp i de dager og skyndet seg til fjellbygdene, til en by i Judea. Og hun kom inn i Sakarias hus og hilste på

Seier over Satan

Elisabet. Og det skjedde da Elisabet hørte
Marias hilsen, så sprang fosteret i hennes liv.
Og Elisabet ble fylt med den Hellige Ånd og
ropte med høy røst og sa: Velsignet er du blant
kvinner, og velsignet er ditt livs frukt. Hvorfor
er dette gitt meg, at min Herres mor kommer til
meg? For se, da lyden av din hilsen nådde mitt
øre, sprang fosteret i mitt liv av fryd. Og salig
er hun som trodde, for fullbyrdes skal det som
er sagt henne av Herren. Da sa Maria: Min sjel
opphøyer Herren, min ånd fryder seg i min
Frelser".

Maria forsto at det var noe viktig på gang, så
det gjaldt å være lydig mot det himmelske som
hadde kommet over henne. Hun forstod det.
«Jeg er livet», sa Jesus (Joh 14,6), og det var
nettopp dette livet som ble lagt ned i Maria.

Jesus Kristus kom til jorden med Guds eget
blod i Sine årer.

Hør hva Bibelen sier så flott:" Det første
menneske, Adam, ble til en levende sjel. Den
siste Adam er blitt til en levendegjørende
Ånd." (1 Kor 15, 45)

Kristus kom som den levendegjørende Ånden -
Den Ånden som gir liv og utfrielse
Menneskets ånd var gjort uren for Gud på
grunn av syndefallet, men Jesus kom som den
første levendegjørende Ånden. Han måtte bære

Seier over Satan

denne Ånden i seg, i sin ånd, og det hellige,
ulastelige, ubesmittede Guds blod i Sine årer,
da Han vandret på jorden. Dette gjorde Han,
for at Hans blod kunne gis for menneskeheten,
til renselse for menneskehetens synder.
Hele Jesu skikkelse skulle gis og legges ned,
slik at disse livgivende, evige sannhetene
kunne bli oss til del.
Dersom dette går opp for deg, da har alt gått
opp for deg. Da har du det, og da gjør du det.
Da løper du ut på det. Gud er i vår midte, Han
er i oss. Han ønsker bare å få uttrykt Seg
gjennom oss.

Kristus hadde en blodtype ulik alle andre
blodtyper. Alle menneskelige blodtyper er
urene på grunn av syndefallet. Det finnes kun
en blodtype som er ren, og den finnes kun i den
himmelske blodbanken. For det er dit den ble
brakt, tilbake til Gud, fordi det var Guds eget
blod. Jesu blod er fullkomment. Uten
skrøpeligheter. Ikke influert overhode av fallet
i Edens hage, ikke berørt av det Adam og Eva
gjorde. Det har aldri vært i nærheten av noe
urent.

Peter beskriver den eneste rene blodtypen:
"Kristi dyre blod." (1Peter 1,19)
Dette er blodtypen som har renset oss:
Det evige, ubesmittede blodet, som var i Jesu
årer i 33 år. Han levde med det midt i denne
urene verden, blant hverdagsmennesker. Her er

Seier over Satan

det snakk om kvalitet og autoritet, i Jesu Kristi
blod. Det er helt umulig å verdsette Kristi blod,
livets blod. Dødt blod trekker til seg fluer.
I det Gamle Testamentet står det om Beelsebul,
fluenes herre, eller de fordervede fluers fyrste
(djevelens sendebud).

Jesu blod har akkurat den motsatte virkningen
på fluer. Akkurat den motsatte virkningen av
Beelsebul. Fluene, demonene, djevelen flykter
når dette blodet nevnes.
Derfor har vi en evig seier på grunn av Jesu
blod. Det er en autoritet som er høyere enn
noen menneskelig autoritet, og den er basert på
Jesu dyre blod.

Alle ondskapens åndehærer flykter like hurtig
fra Jesu blod, som fluer trekkes til dødt blod.
Derfor er det viktigere enn noensinne at vi blir
grunnfestet i disse enkle sannhetene. Tenk deg
noe så fantastisk som det som er skrevet:

"Jesus, Hans Sønns blod, renser oss fra all
synd." (Joh 1, 7)

Vi er frie. Vi er ikke syndere hvis vi har tatt i
mot Jesus. Vi er renset i Hans blod. Satan har
ikke noe med oss å gjøre i det hele tatt, for vi er
beskyttet i Jesu Kristi dyrebare blod.
Alle Satans angrep på oss er løgn, fra
begynnelsen til slutt. For Jesus blod er vår
beskyttelse fordi vi er i pakten.

Seier over Satan

Jesus har vunnet en evig seier for oss. Blodet er
vår arvedel. Vi er i Jesus, Gud ser på oss
gjennom Ham, gjennom blodet. Vi er frie.

"Uten at blod blir utgytt, skjer ingen
forlatelse." (Heb 9, 22)

Jesus ga Sitt eget blod, en gang for alle, for
hele menneskeheten. Det var nok. Pakten
inngikk Kristus med Gud, en gang for alle. Da
ble det evig beseglet, da var seieren der. Vi får
beseglingen i den nye fødsel, og da er pakten
vår en gang for alle - når vi forblir i Kristi nåde
med livene våre. Seieren er vår, og den har
vært det i 2000 år.
Om vi bare kunne gripe dette mer og mer, hva
Kristus har gjort for oss.

"Han er kledd i et kledebånd som er dyppet i
blod. Og Han er kalt Guds Ord."(Åp 19, 13)

"Det er tre vitner, Ånden og vannet og blodet."
(1 Joh 5, 8)
Disse tre flyter sammen.
Det skrevne Guds Ord har ingen autoritet - uten
Kristi blod For Guds Ords liv er i blodet. Når
vi griper disse enkle sannhetene, vil alt bli
annerledes for oss. Hvorfor har vi autoritet og
liv? Jo, fordi det ligger i blodet. Derfor
sanksjonerer Gud i Ordet, når vi er i blodet, i
nåden. Det har blitt vår pakt, blodspakten. Det

Seier over Satan

er det som gir oss autoriteten. Ikke egne
prestasjoner.

Den Hellige Ånd er i fullkommen
overensstemmelse med blodet og vannet, altså
Ordet, som igjen er Kristus. Disse tre er
uatskillelige. De er ment, og skapt, for å kunne
fungere sammen, for å kunne bli en ytring av
Guds overnaturlige energi på jorden: Gjennom
dem som har gitt sine liv til Kristus og blitt født
på ny, renset i blodet og som er i pakten. Disse
vet at de er i pakten.

Ved gammeltestamentlige ofringer kan vi se at
blodet av lyteløse, feilfrie dyr ble stenket på
bokrullen. Hvorfor?
Fordi boken er livløs for den som leser den -
om ikke blodet har vært der på forhånd! På
samme måte er det i dag. Bibelen er livløs for
oss om ikke blodet har vært hos oss på forhånd.
Kun en type mennesker har mulighet til å få
innsikt i Ordet, det er dem som er født på ny,
renset i blodet, og som lever i pakten. Dette her
er vår del i Kristus.
Vi kan bare hvile i pakten, hvile i blodet. Vi
behøver ikke å prestere noe selv. Gud sendte
Sin egen Sønn, Sitt eget blod.
Jesus ga Seg selv, Sitt blod for menneskeheten.
Han brøt Satans makt - en gang for alle. Han
var i dødsriket, triumferende, og hentet
nøklene. Så sto Han opp igjen fra de døde.

Seier over Satan

Denne seieren er vår - uavhengig av alle
omstendigheter. Det er det her som gjør deg
frimodig - Jesus er fantastisk, og du vet det. Da
kan du komme inn i hvilen i pakten. Det er Han
som har gjort det.

Livet er i blodet - Autoriteten er i blodet

Guds Ord har ingen autoritet i våre liv, uten at
vi er i blodet, at vi er født på ny og renset. Da
vil Ordet automatisk få autoritet gjennom våre
liv, da vi gjør som Ordet sier! Og Gud er Ordet
- og Faderen, Sønnen og den Hellige Ånd er
ett.

Hva var det som gjorde at Ordet fikk
autoriteten? Det skjedde fordi Jesus frembar
Sitt eget guddommelige blod, uten synd, til Sin
Far. Da fikk navnet Jesus Guds kraft og
autoritet. Jesus reiste tilbake til Sin Far i
himmelen. «Far», sa Han, «her har Du tilbake
pundet som Du ga Meg». Han hadde fått
blodspundet av Sin Far, og Han kom ikke
tomhendt tilbake. Han hadde frikjøpt hele
menneskeheten, milliarder på milliarder av
blodpund vant Han tilbake.
På det grunnlaget overga Gud all Sin kraft og
autoritet til Sin Sønn.

"Jesus sa: Meg er gitt all makt i himmel og på
jord." (Matt 28, 18)

Seier over Satan

På soningsdagen (i det Gamle Testamentet) ofret de ikke bare ti og tjue lyteløse dyr. De ofret opp til hundretusen, og det står skrevet at Kedron-bekken fløt over sine bredder i flere dager - av dyreblod.
Når Gud lot Sin Sønn dø, åpnet Han en kilde som skulle strømme i all evighet.
"På den dag skal det være en åpnet kilde for Davids hus og for Jerusalems innbyggere mot synd og urenhet." (Sak 13, 1)

Jesu blod, utgytt en gang for alle. Verket er fullbrakt, seieren er vunnet. Gud har talt, dommen er satt. Denne blodskilden fra himmelens trone flyter alltid foran Satans hær. Når vi synger og snakker om blodet, flyter det. Når dette blir grunnfestet i ditt indre, vil alltid Satan ha stor respekt for det livet som er i deg.

Djevelen får panikk når han kommer i kontakt med blodets autoritet. Han vet at han er evig beseiret.
Hvis du ser dette, så har du det. Og det du har kan du gi, og det kan tas imot av alle som vil ha det.

"Og de har seiret over ham i kraft av lammets blod og de ord de vitnet." (Åp 12, 11)

Vitnesbyrdet, proklamasjonen av Guds Ord, på Ordets grunn. Med full viten og overbevisning om at det her holder i all evighet.

Seier over Satan

Blodsofringene i det Gamle Testamentet var
bare med og viste oss svakt betydningen av
Jesu blod, og hvilken autoritet det er i navnet
Jesus. Blodet er utgytt en gang for alle. Så vi
kan gå like inn i helligdommen - på blodets
grunn.

"Da vi altså brødre i Jesu blod har frimodighet
til å gå inn i helligdommen, så la oss tre frem
med sant hjerte i troens fulle visshet, renset på
hjertene."
(Heb 10, 29)

Det er ikke nok å tro på en historisk Jesus og et
historisk blod. Blodet er hos Far i himmelen.
Vi må tro at det fungerer nå. At vi kan gå like
innfor Gud nå, og at vi kan bruke det i vår
hverdag.

Kristi seier - vårt fundament

3 Med Jesu Kristi fullkomne seier over alt Satans verk (en gang for alle) som grunnlag, vil jeg dele litt med dere om hvordan vi kan leve i full frihet fra djevelens mange snarer.
Hvordan finner vi ut om mennesker er plaget av demoner?

For det første, vår oppgave er ikke å forsøke å finne ut om mennesker er plaget av urene ånder (demoner) eller ikke. Å gjøre det i utgangspunktet, viser at du ikke har autoritet over dem, om de så hadde vært der. Det jeg tar opp i denne boken gjelder hovedsakelig undertrykkelse, bundethet og besettelse, foruten historikk om Satans kledninger og fremgangsmåter. Vi kler ham naken. Han er en beseiret dåre.
På de områdene jeg tar opp, vil Herren at Hans åpenbaringskunnskap skal komme direkte til oss, i linje med Hans eget skrevne Ord, som skal føre oss frem til en førstehånds kjennskap, som igjen vil gi oss autoritet over disse ting. Har du autoritet over disse ting, så vil det samme skje med deg som det skjedde med Jesus.

"Da Jesus hadde kommet ut av båten, kom det
straks mot Ham, ut av gravene, en mann som
var besatt av en uren ånd. Han hadde sitt tilhold
i gravene. Ingen var lenger i stand til å binde
ham, ikke engang med lenker. For han var ofte
blitt bundet med fotjern og lenker, men hadde
revet lenkene av og hadde sprengt fotjernene,
og ingen kunne rå med ham. Hele tiden, natt og
dag, for han omkring i gravene og fjellene, og
han skrek og slo seg selv med steiner. Da han
nå så Jesus langt borte, kom han løpende og
falt ned for ham. Han ropte med høy røst og sa:
Hva har jeg med deg å gjøre, Jesus, Du Den
Høyeste Guds Sønn? Jeg besverger Deg ved
Gud at Du ikke må pine meg. For Han hadde
sagt til ham: Du urene ånd, far ut av mannen! "
(Mark 5, 2-8)

Har du autoritet over demoner, vil de avsløre
seg uten at du sier et ord
Jesus hadde ikke sagt ett ord til mannen, men
demonene manifesterte seg. Det gjorde den ene
og alene på grunn av den autoritet Kristus
hadde. På samme måte vil det være med deg.
Har du autoritet over demonene, så vil de
avsløre seg når du kommer, og du vil ha
autoritet til å kaste dem ut.
Har du ikke autoritet over dem, så vil de heller
ikke avsløre seg for deg, og du ville heller ikke
fått dem ut av vedkommende.
Hvis man "tukler" med åndelige virkeligheter
uten å ha autoritet, så kan man vikle seg inn i

Seier over Satan

problemer. I Bibelen har vi et meget godt
eksempel på dette:

"Men også noen av de jødiske åndemanere som
for omkring, prøvde å nevne Herren Jesu navn
over dem som var besatt av onde ånder. De sa:
Jeg maner ved den Jesus som Paulus
forkynner! Det var sju sønner av Skevas, en
jødisk yppersteprest, som gjorde dette. Men
den onde ånd svarte dem: Jesus kjenner jeg, og
Paulus vet jeg om - men hvem er dere? Og
mannen som den onde ånden var i, for løs på
dem begge to og overmannet dem, så de måtte
flykte nakne og såret ut av huset." (Apg 19, 13-
16)

Slik som på alle andre åndelige områder, så
gjelder det også her: Man kan ikke gå på
andres tro og erfaring, og absolutt ikke med
uærlige hensikter. Det må bygges opp en
autoritet i Kristus i den enkeltes liv. Kristi
seiersfundament må være i deg.

Seier over Satan

Hva er demoner?
Menneskets fiende nr. 1

Demoner er onde ånder som samarbeider med djevelen.

"Og jeg så at det av dragens munn og av dyrets munn og av den falske profets munn kom ut tre urene ånder som lignet padder. Det er djeveLånder som gjør tegn. De går til kongene i hele verden for å samle dem til krigen på Guds, Den Allmektiges store dag."
(Åp 16,13.14)

Djevelen selv er uren, derfor er også hans samarbeidspartnere urene.
"I synagogen var det en mann som var besatt av en uren ånd, og han ropte med høy røst: Å, hva har vi med deg å gjøre du Jesus fra Nasaret? Du er kommet for å ødelegge oss, jeg vet hvem Du er, Du Guds hellige." (Luk 4, 33.34)
Bibelen sier videre:
"Tyven kommer bare for å stjele, myrde og ødelegge.
Jeg er kommet for at dere skal ha liv og ha overflod".

Seier over Satan

Her i dette verset går djevelen under navnet
tyven. Det blir tydelig forklart hva tyvens
hensikt er.

"Dere har djevelen til far, og dere vil gjøre etter
deres fars lyster. Han var en drapsmann fra
begynnelsen og står ikke i sannhet. For det er
ikke sannhet i ham. Når han taler løgn så taler
han av sitt eget, for han er en løgner, og
løgnens far." (Joh 8, 44)

Her i disse to bibelversene kan vi speile noe av
djevelens personlighet - stjele, myrde, ødelegge
og løgnens far. Disse djevelske egenskaper er
da rettet mot mennesket. Vi ser da at djevelen
og hans demoner er menneskehetens fiende.

5 Denne verdens fyrste

Bibelen taler om at djevelen er denne verdens fyrste: "Heretter skal Jeg ikke tale mye med dere. For denne verdens fyrste kommer, og han har ikke noe i Meg." (Joh 14, 30) Han ble denne verdens fyrste allerede mens de første mennesker, Adam og Eva, levde på jorden. De adlød djevelen fremfor Gud, og den vi adlyder blir vår herre.

I Moseboken sier Gud at "mennesket skulle legge jorden under seg." (1 Mos 1, 28)

Mennesket ble jordens herre, men da mennesket igjen la seg under djevelen, så ble han denne verdens herre. Slik ble djevelen denne verdens fyrste.

Hvordan åpenbarer Djevelen og demonene seg? Djevelen er kun ute etter å bryte ned menneskeheten med sine demoner. Demonene har ikke selv noe legeme. De er åndsskapninger som er ute etter å innta menneskers legemer, sjelsliv og åndsliv, så de kan få utført sine onde hensikter og få tilfredsstilt sine lyster.

"Når den urene ånd farer ut av et menneske,
går den igjennom tørre steder og søker hvile,
men finner den ikke."
(Matt 12, 43)

Som vi ser er demonene helt avhengige av
mennesker som instrumenter for sine onde
gjerninger.

Vår kamp
"Gud skapte mennesket i Sitt bilde." (1 Mos 1,
27)
Videre sier Bibelen: "Gud er Ånd. Men den
time kommer, og er nå, da de sanne tilbedere
skal tilbe Faderen i Ånd og sannhet. For det er
slike tilbedere Faderen vil ha. Gud er Ånd, og
de som tilber Ham, må tilbe i Ånd og sannhet".
(Joh 4, 23.24)

Så mennesket er først og fremst en
åndsskapning, på samme måte som Gud er Ånd
og djevelen og hans demoner er ånder. Så vår
virkelige kamp er kampen i den åndelige
verden, som igjen gir seg utslag i den fysiske
verden.
"For vi har ikke kamp mot kjøtt og blod, men
mot makter, mot myndigheter, mot
verdensherrer i dette mørke, mot ondskapens
åndehærer i himmelrommet." (Ef 6, 12)

Det er mange forskjellige slags demoner

Seier over Satan

Det er de som er ute etter å besette menneskets ånd, de som er ute etter å binde menneskers sjelsliv, og undertrykke menneskets tankeliv. Og så dem som inntar menneskets legeme. De sistnevnte har sykdommer med seg. Djevelens vei til å skade menneskeheten, er enten direkte på personer, eller gjennom mennesker. Som Gud bruker mennesker i rettferdighetens tjeneste, så bruker djevelen mennesker i urettferdighetens tjeneste.

Satan og demoner er virkelige

Demoner og satanisme har vært en virkelighet i Europa, ja i hele verden, helt fra middelalderen. Der hvor mennesker åpner seg for åndelighet, vil automatisk åndelige virkeligheter komme frem.

Åndelig kontakt vil alltid oppnås

Søker vi Jesus Kristus, vil vi komme inn i en åndelig virkelighet den veien det er ment for oss. Vi vil komme i kontakt med Gud Jehovas Ånd, den Hellige Ånd, Jesu Kristi Ånd.
Eller det kan søkes alle andre alternative veier. Der vil det også oppnås kontakt, men der blir kontakten med Satan og demonene. De vil selvfølgelig utgi seg for å være alle andre karakterer, enn det de er. Mange kommer inn i mørkets åndelige verden, uten å forstå i utgangspunktet at de er på vei dit.

Seier over Satan

Seier over Satan

Satan og demonenes angrep

6 Sør-Europa, Nord- og Sør-Amerika, erfarte voldsomme satanistiske og demoniske innslag fra 1800-tallet og fremover. Det var satanisme og demoniske krefter som kom med slavene fra Afrika. Vi kan helt klart se mange flere innslag med tyngde av satanisk og demonisk aktivitet i nevnte nasjoner, enn i nasjoner hvor slaver fra Afrika ikke har kommet. Jeg skal nevne litt mer om dette.

I nyere tid har det blitt funnet flådde dyreskrotter etter blodofringer til Satan. Det sies at dette er økende verden over. Årsaken til at dette øker, er den åndelige hungeren som er i verden i dag. Mange har oppsøkt menigheter og politiske grupper for å finne meningen med livet, uten å ha funnet svaret de har lett etter. Det har da igjen ledet dem videre inn til okkulte grupper med spiritister og satandyrkere. Det er tilhørigheten de i utgangspunktet er ute etter.

The First Church of Satan i San Francisco
Den mest publiserte og etablerte Satan-gruppen som finnes, er nok «The First Church of Satan» i San Francisco. Den var ledet av avdøde yppersteprest Anton La Vey.

Seier over Satan

Han proklamerte Satans tidsalder til å ha oppstart i 1966. Han var organist i en kristen menighet tidlig i sin ungdom. Satan-menigheter ekspanderte kraftig over hele Nord- og Sør-Amerika.

New Age hovedseter i verden

Et sted i California som heter Big Sur hvor det er satanist- kirker, er et litt spesielt område. Dette er nemlig samme stedet som er det ene av to hovedkvarter som New Age har. Det andre hovedkvarteret til New Age er i Nord-Skottland, i Findhorn. Her i Big Sure er David Spangler høyt oppe i New Age, han er et bevisst medium og er da spiritist. Han har også skrevet New Age-"bibelen".

Esalen Institutt ble også startet opp på samme stedet. Noen professorer som var involvert i kontemplativ religion på Stanford University, ble der introdusert til Østens filosofiske konsepter, som yoga og andre emner som formet deres liv og arbeid. Esalen Institutt startet de opp i 1962. Så vi ser klart et sterkt tilholdssted for djevelen, hvor han kanaliserer ut ifra. Det er mange andre ting som kunne nevnes, men dette gir en liten forståelse og en pekepinn på farene, som vi da har seier over i Jesu navn

Seier over Satan

Satan og demonene vil flette seg inn i
menneskeheten på alle områder. Vi ser klart
hvordan de fletter seg inn i samfunnet. I San
Diego hvor Morris Cerullo holder hus, er det
også Satan-menigheter. I Europa holdes Satan-
messer i gamle middelalderruiner og klostre.
Satanisme er ikke bare for gamle
trollkjerringer. Dette har tatt tak i alle
generasjoner.

Spiritisme har også kommet seg inn i mange
kristne menigheter verden over. Det finnes
også «hjelpetelefoner» som folk kan ringe til
som kaller seg "Metafysikk Kristne". Her går
det da lett videre inn i okkultismen. Dette er
farlig! Her blir man trukket lenger og lenger
inn i dypet av det okkulte. Vi ser bare
begynnelsen av dette.
Dette er en del av det som viser helt klart, at vi
er inne i endetiden, og at Jesu gjenkomst står
for døren. Vi må ikke la oss bedåre av
mirakler! Vi må kjenne ånden bak det som
skjer. Alle de som beveger seg inn i alt som har
med det alternative å gjøre, forstår ikke hva de
frivillig lar seg binde opp av.
De filosofiske tanker og teorier de siste
århundrer, har alle vært styrt av Satan og hans
tanker. De har fått føring inn i det politiske liv
og styringen av verden vi lever i. Satan satser
absolutt alt han kan for å knekke Kristi
menighet, så vi ikke skal få fullført vårt
oppdrag.

Seier over Satan

Oppdraget som er enkelt - evangeliet med den
Hellige Ånds kraft «som legger frem håndfaste
bevis om at Jesu er oppstanden ifra de døde»,
ut til alle folkeslag, tunger stammer og ætter -
så kommer Jesus igjen.

Satan gjør alt for å hindre oppgaven fullført -
for da nærmer hans endelige dom seg
Han gjør alt han kan for å hindre dette. Han
arbeider med tanker. Alle som er født på ny har
kall til denne oppgaven, enten du "kjenner for
det" eller ikke. Du må adlyde din Herre Jesus,
hvis ikke er du ikke med. De som går ut og
forkynner, skal ha fullt underhold av dem som
ikke går. Dette gjør også Satan alt han kan for å
hindre. Han jobber maksimalt på alle fronter.
Det er krig i åndens verden. Seieren er vår og
gjennombruddet er vårt - hvis vi vil adlyde
Jesus Kristus.

7

Dette er ikke en tidsalder for
"myke kristne"
I århundrer har Satan gledet seg
over å gjøre kristne til ikke-
intellektuelle mennesker for
verdens barn. Men - ikke lenger
nå.
Kjenn din plass i Kristus.
Vit hvem du er i Kristus.
Vit hva du kan gjøre i Jesu navn.
Kjenn din totale seier i Kristus.
Vær bevisst din seiersposisjon.
Betal prisen for Guds kraft med ditt liv.
Kjenn Satans måter å angripe menneskeheten
på, fysisk og psykisk. Ta Satan og demonene
hver gang de prøver seg.
Du kjenner deres triks. De kjører parallelt
åndelig, men med motsatt fortegn.

Du kjenner det på ånden

Vi kjenner vår fiendes metoder - og tar ham.
Hver gang. Satan og demonene går til angrep
på områder som virker så menneskelige. Ja, det
er akkurat det han gjør, og før du aner fare, er
du i garnet. Vær en enkel kristen som tror og
står solid på de enkle sannheter om Jesu Kristi
forsoningsverk på Golgata. Det er til himmelen
vi er på vei. Det vi er ute etter, er det sterke
fellesskapet med Kristus Jesus. Vi ønsker å
gjøre Hans vilje alltid, uansett.

Seier over Satan

Human Potensial Movement
Denne bevegelsen dukket også opp på slutten
av 60-tallet. Vi ser klart at de forskjellige
svarte åndelige virkeligheter, kom omtrent
samtidig med stor tyngde til den vestlige
verden, den kristne verden.

Human Potensial Movement var også en av
disse. Denne bevegelsen virket litt mer
"stueren". Dens begynnelse var ment for
styrking og bevisstgjøring av lederskap i
bedrifter. Det hele begynte å forandre seg da
bevegelsen adopterte Østens mystikk. Den ble
jo populær i California. Nå kom bevegelsen i
gang med å finne sin kosmiske bevissthet.
Forstår du, Satan er på banen med forførelse og
løgn: Du må oppdage deg selv, og la troen på
deg selv vokse og utfolde seg. Dette kom inn i
en form av metafysisk selv-aktualisering. Det
var du som var senteret for alt. Røttene til
bevegelsen kan man finne i det 19.århundrets
teosofi, transendental meditasjon, så vel som

Østens mystikk.
Bevegelsens ideer er et system for en «frelse»
som beror på hva vi kan gjøre selv. Ikke hva
Guds nåde kan gjøre ved tro på Jesu Kristi
forsoningsverk på Golgata. Bevegelsen er
humanistisk, med mennesket i sentrum.
Populære mediterings teknikker i bevegelsen

Seier over Satan

Det blir brukt "stressbehandlings-strategier", som inkluderer transendental meditasjon, selvhypnose og yoga. "Kreativitet som går innover". Visualisering, se det for deg. Silva tankekontroll, fokusering. Slike forskjellige teknikker skal styrke ditt selvbilde.

Visualiserings-teknikk kan ta deg til andre planeter, hvorfra du kan se jorden utenifra - en kosmisk tenking. Du skal her få "opplysning". I de forskjellige seminarene som holdes med det, blir du tilbudt "magiske opplevelser". En person som har litt innsikt i den åndelige virkelighet, vil raskt oppdage hindu-konseptet bak dette.
Denne bevegelsens konsept bruker også redskaper, som er historisk befestet i det tidligere kjetteri av synkretisme, gnostisisme og hedenskap. De smelter i sammen som urelaterte ideologier, uten å være i stand til å se hvem Gud Jehova er.
Akkurat som tidligere kjetteri søkte å binde elementer av hedenskap, kristendom, filosofiske tanker, menneskelig styrke/evne, i en variasjon av okkultisme og mystiske metoder. Vi ser at tidligere menigheter var basert på indre forståelse av det guddommelige, mystiske - utilgjengelig for dem som ikke var innvidd i denne enhet.

Human Potensial Movement underviser at tanke/sjel-naturen i mennesket, er gud. Bibelen

Seier over Satan

forteller oss at Gud Jehova er Skaperen i virkeligheten, ikke at Han har trone i vår tanke. Videre finnes Institute of Transpersonal Psychology i Stanford, California. Det tilbyr kroppstrening, åndelig trening og psykologisk trening. Dette krever 3-4 års studier. Kurset inneholder Tai chi, Aikido, Sensory Awareness, Zen Meditasjon, hinduisme, astrologi, fysisk Tao, Arica, Hath Yoga, Feldenkrais helbredelse, Helbredelse og hypnose - og parapsykologi. Dette instituttet sies å være i fronten av psykologien, i foreningen av kropp, tanke og psyke. Her kunne jeg videre skrive om Arica og Esalen. De har omtrent like store smørbrødlister over all verdens religioner og andre alternative mystiske lærer som de innfører mennesker i. Enhver gjenfødt kristen bør ha åndelig gangsyn nok til å se dette, og det har de. Saken er at de ikke har hørt om det! Kristenenheten er tatt på senga.

Her forstår enhver gjenfødt at Satan har vevd seg inn i samfunnet på en genial måte. Mesteparten av dem som deltar på alle disse kursene, som omvender seg til religioner eller begynner med alternativt - er unge mennesker. Unge mennesker som står på trappen til yrkeskarrierer verden over, mange i ledende stillinger. Tenk deg hva Satan får gjort gjennom alle disse fremadstormende unge mennesker verden over.

Seier over Satan

Det var på 60-tallet dette reiste seg opp i de kulturelle miljøene. En okkult åndelighet reiste seg fra det idealistiske. Jeg husker godt de 3 guruene som kom til Oslo fra India. Kun en av dem fikk et feste. Det var guru Maharatchi Yogi, han var grunnleggeren for transendental meditasjon. Mørkets makter har samlet seg for det siste store slaget, som de allerede i utgangspunktet har tapt. Men vi må på fronten med seieren.

I India sitter deformerte tiggere i rennesteinen. Barn får lov til å ligge og dø på gatene. En hellig man smører inn håret med kumøkk. Det skjer alt i mystikkens navn. Hvorfor den deformerte tiggeren sitter i rennesteinen? Jo, på grunn av dårlig karma, sier de. Å hjelpe ham, kan hindre "den store årsaken". Dette er en karmisk rettferdiggjørelse.

Den hellige mannen tror at all skapning er en forlengelse av Gud. Kua er livets mor, derfor er ekskrementene hellige.
Forstår du hvordan Satan har vrengt alt, tatt tak i alt og lurt alle? Det okkulte verdenssynet trives i atmosfæren av Satans løgner: "Du skal ikke dø".

Bare Kristus er svaret
Kjære venner, kun det enkle evangeliet om vår Herre Jesu Kristi forsoningsdød for deg og

meg, er svaret. Bibelen med alt det innholdet det har, er vår arv fra Gud Jehova.

Paulus sier: "For Ordet om korset er vel en dårskap for den som går fortapt, men for oss som blir frelst, er det en Guds kraft." (1 Kor 1, 18)

Satan gjør alt komplisert, og er den evige død. Jesus er den enkle sannheten - og det evige livet!

Seier over Satan

Satan kaller sine tjenere

8

"Innside forvandlings-seminar" ble grunnlagt i 1978 av John Roger. Han sier han ble inntatt, besatt av en ånd som identifiserte seg som en ved navn «John, the beloved». John Roger sier han er bærer av den guddommelige, mystiske bevissthet. Da han lå i koma etter en ulykke ble han inntatt av denne ånden.

En annen ved navn Jack Rosenberg sier han mistet bevisstheten for hvor han var. Dette skjedde mens han var ute og kjørte bil. Plutselig sa han: "Jeg har det." Hva han fikk? Et nytt navn. Navnet var Werner Erhard. Han begynte å studere yoga-systemer, som ble sterkt rotfestet i ham. Videre studerte han tanke-dynamikk, scientologi og zen-buddhisme. Noe av dette kom bare inn i hans tankeverden, resten studerte han. Dette gjorde ham så arrogant at han sa: Hvordan kan du vite at jeg ikke er reinkarnasjonen av Jesus?

Fulgt av Satan fra barndommen av

I Etiopia var en afrikaner blitt fulgt av Satan fra barndommen av, noe som ikke er enestående. Han hadde lært å kjenne Satan. En dag sa Satan til ham: «Følg meg, du skal bli heksedoktor». Kallelsen var vag, men allikevel klar. Livet til afrikaneren fikk bevis hele oppveksten

Seier over Satan

gjennom, at Satan var den suverene hersker.
Dette gjorde det enkelt å bli det han kjente for i
sitt indre, nemlig å bli heksedoktor. Det var
gjennom heksedoktorer Satan formidlet sine
budskap til folket.

Men hva var den endelige godkjennelsen fra
Satan, at han nå var heksedoktor? Jo, under en
seremoni tok afrikaneren rødt og hvitt glødende
jern i sine bare hender, strøk det glødende
jernet over ansiktet flere ganger. Så tok han
glør i hendene, kastet det inn i munnen og
tygde det, mens alle så på. Dette var den
endelige prøven. Hans nye herre hadde godtatt
ham. Han hadde fått seglet - det ufravikelige
merket på at han er prøvet - og godkjent. Ingen
lukt av brent skinn og kjøtt kjentes, heller
ingen merker kom til syne. Folket hadde sett
prøven. Han var den nye mellommannen
mellom Satan og folket. Dette er absolutt ingen
enestående historie. Det er mange av samme
kategori.

Albino-afrikaneres legemsdeler, har mye kraft
som heksedoktorer vil ha
I Afrika fanger heksedoktorer afrikanske
albinoer. De kan hogge av dem ben og armer
for å bruke dem i sin magi. Jo mer smerter den
afrikanske albinoen opplever, idet
legemsdelene kappes av, jo sterkere blir
magiens kraft. Dette skjer i den verden vi lever
i dag. Satan er en realitet. Han styrer som dere

ser, med sine tanker. Da får han mennesker til å
gjøre handlinger som dette.
Som Gud Jehova kaller Sine tjenere, kaller
Satan sine

Ser du hvordan Satan binder og kaller
mennesker på alle forskjellige måter? Dette
skjer lett hvis du blander deg inn i alternative
åndelige retninger. Mer om dette i boken min
"Slipp lausbikkja ut av din bakgårds oase". Der
skriver jeg om en som går under navnet John of
God. Han er en såkalt "healer". Det skjer
spesielle ting rundt ham. Han fikk en helt
konkret kallelse til tjeneste for Satan.

Du må ha en åndelig innsikt
Det er viktig for deg som ønsker å gå hele
veien med Gud, å ha kjennskap til ting som
dette. Går vi ut med Åndens kraft, vil vi møte
fienden. Han lar oss ikke innta områder uten
kamp, selv om seieren er vår i Jesu navn. Vi
må lære å kjenne Kristus i oss og Satans
strategi, slik at vi kan ta ham hver gang.

Seier over Satan

Satans angrep gjennom slavehandelen

Det ble et Satans angrep på Nord-Amerika, Sør-Amerika og enkelte europeiske land som tok inn slaver fra Afrika. Da slavehandlere transporterte slaver fra Vest-Afrika til Amerika, rev de også opp røttene på en høyt utviklet form av aggressiv, pågående okkultisme.

For afrikanerne var religionen og magien en del av deres daglige liv. Det var ikke bare noe som var med en gang i blant, men alltid. Når frykt, tvil og avgjørelser svingte frem og tilbake, så gikk afrikanerne til sine guder for veiledning og ledelse.

Hemmelige seremonier

I den nye verden de var kommet til, fryktet slaveherrene, at slavene skulle forene seg med sin okkultisme. Derfor ble svart magi og hedenske folkereligioner forbudt. For å kunne fortsette med sine forbudte forbindelser til åndene, utviklet slavene hemmelige seremonier. Seremoniene ble utført om natten. Deres offer til åndene var stort sett dyrs naturånder. De trodde de ofret dyrenes ånd til åndene. De ba også til sine avdøde slektninger og trodde de hadde kommunikasjon med dem.

Men det var demoner de fikk kontakt med. Det
er hva vi gjenkjenner som spiritisme.
(Lenger ut i boken skriver jeg om naturreligion,
animisme og spiritistiske seanser).

Svart magi
Svart magi er forløperen til dagens satanisme.
Det er igjen den mest ondskapsfulle av all
hedenske praksiser. Svart magi erkjenner at
noen av åndene de konsulterer, er "mørkets
herre", som de må tilnærme seg varsomt.
Det å henvende seg til Satan, og tiltale denne
"mørkets herre" feilaktig, kan være farlig.
Okkulte historier forteller at mennesker som
henvendte seg feil, begikk selvmord eller ble
syke på sinnet.

Vestliggjort folkereligion - voodooen
Voodoo kom til de Vest-Indiske øyer med
afrikanske slaver. Det er den mest kjente
okkulte art i den vestlige verden. Oftest blir
dette forbundet med Haiti. Voodoo er også i
Amerika. I Florida fikk en tredje års student
offisiell tillatelse til fravær fra skolen, for å bli
ordinert til voodoo-prestinne. I New Orleans,
Lousiana, er det sterkere voodoo-miljøer enn
på Haiti. Den vestlige, kristne verden forstår
lite hva som foregår i åndens verden, og har
blitt tatt på senga. De demoniske kreftene har
kommet over den, uten at de har forstått det.

Seier over Satan

Satan har klart å infiltrere seg på en slik måte, at kristne gleder seg over det overnaturlige som skjer! De forstår ikke at mye av dette er fra Satan.

Vi må utvikle evnen til å prøve ånder
Jeg sier det igjen og igjen. De kristne må leve så nær til sin Herre Jesus, slik at de er i stand til å prøve ånder. Uten denne evnen utviklet, er det store problemer. Men med denne evnen utviklet, dras seieren i land overalt man dukker opp. Seieren er i Jesu navn. Ditt overgitte liv til Kristus, lar deg avsløre fienden hver gang. Et overgitt liv er nøkkelen og forutsettingen.

Voodoo
Voodoo er kjent innenfor antropologien som vodoun, og kommer fra det vestafrikanske ordet "beskyttende ånd", som er mer enn en folkereligion. Den har hatt en stor betydning i det politiske livet på Haiti. I årevis holdt Francois Duvalier (eller "pappa Doc") sin diktatoriske svepe med sin voodoomakt over Haiti. Etter sin død (1971) overtok Jean Claude, "Baby Doc". Han forandret fargene på det haitiske flagget til rødt og svart. Dette var fargene til voodooens hemmelige fellesskap. Nå fikk Satan enda mer makt på Haiti. Voodoo-prester ble brukt av regimet til å kontrollere folket.

Zombier

Utøvelsen med zombier, som da er «døde» som står opp og går rundt omkring uten sjels kraft, sies å være den mest ekstreme form for utøvelse av voodoo. Mennesker blir gitt nervelammende medikament (hentet fra en paddefisk, marulk eller markskrikertype) som de «dør» av. De blir gravlagt, men må graves opp innen 8 timer. Da må det settes i gang gjenoppliving. Når de da kommer «til live» igjen, er de som uten sjel. De blir utnyttet som lydige slaver. Dette er selvfølgelig religiøs humbug, men kan forklares medisinsk. «Legender» forteller at zombier står opp fra gravene.

Slavebyer

Dette skjer også i vår tid. Her er det afrikanere som har afrikanere som slaver, på den mest makabre måten man kan tenke seg. Dette minner meg om det som skjedde i Vest-Afrika på 1600-tallet. Der var det bygget egne slave-byer, hvor afrikanere hadde afrikanere som slaver. Dette ble gjort i stor stil. Her ble førsteklasses slaver avlet frem gjennom generasjoner. Yoruba-slavene var de beste. Det var de største afrikanerne som kom fra Nigeria, Vest-Afrika.

Tortur av slaver

Tortur av slaver var en helt vanlig forlystelse til underholdning i slavebyene. Historien forteller om opphugging av levende mennesker med store kniver. Spyd stukket ned bak nakken, igjennom hele ryggen på mennesket og ned i bakken. Avskjæring av alt kjøtt på legger, så bare rene skjelett av leggene sto på føttene.

Voodoo-praksis

Å stikke nåler i dukker for å skade mennesker finnes, men er ikke så ofte brukt. Hensikten med voodoo-ritualer, er å få voodoo-ånden til å besette en eller flere av dem som er samlet til messe. Der begynner flere å gå på glødende kull og spise glødende kull biter. Videre stikker de lange pinner igjennom kjakene og lar de stå der. Og de tygger store glassbiter som svelges. Så danser de av all sin makt til de faller sammen. Resten av seremonien er viet spising av levende duer og kyllinger. De flår dyr, og blodet deres ofres.

Seier over Satan

Seier over Satan

10

Sataniske religioner

Youruba-religion
Dens hjemland er i dag
Syd-Vest Nigeria, og
deler av Benin og Togo,
tidligere kjent som
Yorubaland. Yoruba-
religionen er formet av
forskjellige tradisjoner.
Yorubas religiøse tro er
en del av «itan», det totale
kompleks av sanger, historie og andre
kulturelle konsepter som har formet yoruba-
folket.

Satans forføreriske manipulasjoner
Det dere nå leste er hentet fra historiske fakta.
Her ser vi klart hvordan voodoo og Satan
gjemmer seg bak det som kalles tradisjoner.
Her forsøker Satan å kaste løgnglør i øynene på
vestens kristne. Han vil ikke de skal forstå
hvilke farer de kristne står opp imot. Disse
sannheter vil sjokkere mange kristne, men
sjokk trengs for å våkne opp - hvis de våkner?
Vi må se alvoret og gjøre jobben den Herre
Jesus har kalt oss til. Nemlig evangeliet til alle
med den Hellige Ånd og kraft, så Jesus kan
komme tilbake.

Santeria

Santeria er et utskudd fra voodoo, og startet
blant svarte slaver i de spanske

koloniområdene. Spesielt da på Cuba, selv om de gikk over til katolisismen. Slavene insisterte på å beholde sine afrikanske yoruba-ånder, og identifiserte dem med katolske helgener. Dette er nøyaktig det samme som skjedde i den gryende «katolske kirke», i de første århundrene etter Jesu Kristi oppstandelse fra de døde. Da biskopen den gang hadde store problemer med å få hedninger inn i kirkene, tillot han hedningene å ta med seg sine avguder inn i kirken og tilbe dem! Derimot bildene av avgudsbildene, fikk de ikke ta med inn. Det samme gjentok seg 14-1500 år senere. De måtte la sine avguder få nye ansikter. De ansiktene var da bilder av Maria, Jesus og helgener.

Blodofringer

En av hoveddoktrinene til santeria, er at bildene må blidgjøres med blodofringer. Dette skjer blant latinere i USA i dag. Spesielt blant cuba-amerikanere og dem fra Puerto Rico. Helgenene krever blodsoffer. Derfor finner politiet dyrekadaver rundt omkring i Miami, Florida, også ute på motorveiene. Geiter er også funnet naglet til trær.
Dette voodoo-utskuddet har offentlige møter i sin menighet i Florida.

Satan vil ødelegge menneskeheten det han kan, før han kastes i ildsjøen for evig – han vet han er evig beseiret
Ser du, Satan er på med all sin kløkt. Det har han vært siden tidenes morgen. Han brukte den på Adam og Eva i Edens hage. Og han prøvde seg ved korset. Men Jesus sto opp ifra de døde, etter å ha beseiret Satan for all evighet! Det er det samme som gjentar seg av satanisk behandling av «vanlige» mennesker, som i slavebyene. Han står på til siste slutt, enda han vet han har tapt - og venter en dom og en nedkastelse i ildsjøen for evig.

"Og Djevelen, som hadde forført dem, ble kastet i sjøen med ild og svovel, hvor dyret og den falske profet var, og de skal pines dag og natt i all evighet." (Åp 20, 10)

Dette er omtrent umulig for et menneske i vår tid av historien å forstå. Men dette er sannheten. Det er rundt oss.

Seier over Satan

Macumba

I Brasil er voodoo kjent under dette navnet. På
1600-tallet ble afrikanske slaver tatt til Brasil
av portugisere for å arbeide på
sukkerplantasjene. Slavene hadde med seg sitt
avanserte system av heksekraft.

Santeria og Macumba har blitt smeltet sammen
med den katolske kirke!
I dag blander så mange som 40 millioner
brasilianere katolisismen med åndelige kulter.
Her tilbes Satan og demonene. Bare i Rio de
Janeiro er det tusener av macumba-kirker. Til
harde og tunge trommerytmer danses det, og
gudebildene tilbes. Dyreblod blir også ofret.
Mennesker danser rundt og ser ut som
apekatter og lager apekattlyder. Andre igjen
bjeffer som hunder. Alle tilhørere i salen synes
alt er greit. Seremonien avslutter med at «guds
mor» har et helbredelsesritual. En og en
kommer frem for å bli bedt for. Kvinnen
hvisker noe i hver enkelt sitt øre.

Forskjellige syn på satanismen

Satanismen siden 1960 og Den Norske Kirkes syn på satanismen Satanismen er en religiøs og filosofisk bevegelse der de som tror, ser Satan som en fysisk skapning, kraft eller en menneskelig egenskap. Selv om skapningen er Satan, er «satanisme» navnet på «venstrehånds-veien» (selvdyrkelse). Den tror på åndelig magi, som de selv skaper gjennom seg selv, og ikke gjennom noen større makt.

Mange folk innen satanismen tilber hverken Satan eller andre guddommeligheter. I stedet fokuserer de som regel på jeg-ets åndelige fremgang, og blir da ofte beskyldt for å være meget egoistiske. (I stedet for å tilbe Satan, følger enkelte personer de 9 konstateringene etter den avdøde stifter og satanist-yppersteprest LaVeyan. Det er satanistenes 11 lover.

Seier over Satan

Seier over Satan

12 Moderne satanisme

Dagens definisjon på moderne satanisme er "satandyrkelse", eller "ideologien omkring Satan". Da er det naturlig å spørre: Hvem eller hva er Satan? Satanister vil svare forskjellig på dette spørsmålet, men grovt sett kan vi dele moderne Satan-definisjoner inn i tre grupper:

1. Noen satanister hevder at Satan er en person som eksisterer og er virksom, med stor makt (beskrevet i Bibelen og andre kilder). Varg Vikernes (også kjent som Greven) fortalte i intervjuer at hans syn på verdensbildet er likt verdensbildet til pinsevennene. Beskrivelsen av maktforholdet mellom Gud og djevelen er ikke slik Bibelen sier ifølge Greven - heller tvert imot. Dette synet blir ofte brukt i mange satanistiske sanger (rock, black metal og delvis death metal). Mange av sangtekstene går i tråd med Johannes Åpenbaring, men lar dommedagsfortellingen ende med at Satan vinner den siste striden. Satan finnes, han står i tråd med den kristne Gud, og han kan tilby sine tjenere all verdens goder og nytelser - men han krever deres sjel til gjengjeld.

Seier over Satan

2. Andre definisjoner av Satan anser i større grad Bibelens satanbilde som en misforståelse, og hevder at Satan eksisterer som et åndelig vesen. Dette vesenet kan identifiseres med navngitte guder og skikkelser fra andre mytologier, som for eksempel Lucifer fra jødisk eller Sett fra egyptisk mytologi. I Norge finnes det en stor gruppe satanister som regner seg som odinister, selv om andre åsatru-tilhengere oppfatter de norrøne gudene som representanter for en slags før-kristen humanisme. Satan kan også forbindes med naturguden Pan, som hadde geiteføtter og horn, som kan forbindes med Gamle-Erik i norske folkeeventyr. Dette synet på djevelen er mer moderne enn det førstnevnte.

3. Satan er ikke en person, men en grunnleggende kraft. Dette synet er inspirert av moderne dybdepsykologi, og mange satanister henviser til Carl Gustav Jungs lære om arketypene, eller Sigmund Freuds lære om id når dette synet skal forklares. Så lenge Satan ikke er en objektiv figur, men en psykisk kraft eller et menneskelig personlighetstrekk, så spiller det ingen rolle hva han heter eller hvordan han tilbes/dyrkes.

Ritual-magi

I denne formen for satanisme er bønn uviktig i forhold til ritual-magi. Hensikten med denne er

Seier over Satan

å arbeide med seg selv gjennom rituell praksis, ikke å henvende seg til en utenforstående guddom eller kraft (selv om guder og krefter kan påkalles rituelt). Grunnen er at denne type satanisme ser på Satan som en kraft som "lever" inne i alle mennesker.

Anton Szandor LaVey er en amerikansk representant for den sistnevnte Satanbilde. I 1966 grunnla han i San Francisco «Satankirken» og han har skrevet «Satanbibelen». I mange av bøkene sine hevder han at Satan ikke finnes, men at han må forstås som et symbol for de mørke kreftene i menneskesinnet. Disse kreftene er mørke, for i vår kristne kultur er de undertrykket. Satanistenes mål er å frigjøre dem.

LaVey er kanskje mest kjent for sin ni-ledds definisjon av Satan:

1. Nytelse i stedet for avholdenhet

2. Vitalitet i stedet for åndelige drømmer [det er religiøse lykke- og frelsesforestillinger]

3. Fordomsfri kunnskap i stedet for hyklersk selvbedrag

4. Godhet mot de som fortjener det i stedet for å sløse kjærlighet til utakknemlige

Seier over Satan

5. Hevn i stedet for å vende det andre kinnet til

6. Ansvarlighet for de ansvarlige i stedet for å bry seg om "psykiske vampyrer" [det er for eksempel "svake mennesker" som tiltrekkes av kristne miljøer for å få hjelp og støtte]

7. Mennesket er et vanlig dyr - bedre eller verre enn andre dyr - som på grunn av sine evner og muligheter er blitt det mest fordervede av alle dyr

8. Alle de såkalte "synder", fordi de leder til fysisk, mental eller følelsesmessig tilfredsstillelse

9. Satan har alltid vært kirkens beste venn, fordi han har sørget for at den har hatt noe å drive med

Seier over Satan

Spiritisme

13

Britene var de første europeere som åpnet seg for spiritisme, da spiritismen kom til Europa fra USA mot slutten av det 18.århundre. Så mot slutten av 1800-tallet og i begynnelsen av 1900-tallet, vokste og spredte spiritisme seg blant alle de forskjellige samfunnslagene i Storbritannia og i det kontinentale Europa. Fenomenet etablerte seg også i Norge.

Spiritisme delte seg i to hovedgrupper: Kristne spiritister og de ikke-kristne spiritistene. Disse kan igjen deles inn i de som valgte å forholde seg mest til fysisk mediumisme, og de som sverget for utelukkende mental mediumisme. Enkelte deler av spiritistene snappet opp deler av tidligere pagan (hedensk) tro og praksis, deriblant shamanistisk (har røtter i hinduismen) praksis og filosofi, og utgjorde et av grunnlagene for deler av tenkningen som finnes i visse New Age-miljøer i dag, blant annet.

Fysisk mediumisme vil si at man via et medium (og åndeverdenen) forårsaker fysiske hendelser i denne verdenen, som såkalt

Seier over Satan

'levitasjon' (mennesker eller objekter letter fra gulvet og svever), 'apport-fenomener' (objekter eller annet dukker opp fra intet).

'Materialiseringer', deler eller hele skikkelser (ofte mennesker eller dyr) materialiseres i et rom ut fra en påstått åndelig-fysisk substans spiritistene kaller "ektoplasma". Denne substansen dannes via et mediums kropp, samt deler av de andre i seansesirkelen, samt fra åndeverdenen. Materialiseringer er ofte ustabile og vil som regel bli utydelige og forsvinne, sakte eller raskt, en kort stund etter at de fremtrer.

'Telekinese', flytting av objekter uten å røre dem fysisk, med mer. Fysiske fenomener rommer flere hundre hyllemeter med litteratur. Mental mediumisme er mye mer vanlig enn fysisk mediumisme, og regnes for å være lettere å oppnå. Et godt eksempel på et mentalt medium, er såkalte 'synske' personer, eller dem som av en eller annen grunn er meget følsomme i utgangspunktet. De fysiske medier er også mentale medier. Videre er det svært typisk at et medium også har evnen til å være healere, det vil si å kunne helbrede ved hjelp av f.eks tanker, eller ved å bruke 'varme hender'. Alle spiritister sverger til en fellesnevner: Troen på livet deretter, og muligheten for å kunne kommunisere med dem "på den andre siden". Som spiritistene sier: "Døden er den

Seier over Satan

største løgnen". For spiritistene finnes ingen
død. Legemet forsvinner, men ånden og
legemet er to forskjellige ting. Sistnevnte er
forgjengelig, ånden derimot, eksisterer utenom
legemet.

Seier over Satan

Åndelighet eller kjødelighet

14

I de 40 år som jeg har vært en kristen, må jeg si jeg synes kristenlivet verden over, i den grad jeg har sett det, har gått nedover. Det var en negativ uttalelse vil du kanskje si? Eller kanskje du sier jeg har rett? Jeg mener i hvert fall at det er situasjonen. Det har dukket opp flere bibelskoler, moderne menigheter, flottere sangkor og flere trendy forkynnere enn jeg noensinne har sett.

Det hjelper ikke med korrekt teologi og at vi sier vi er i "salvelsen", hvis vi ikke er i den Hellige Ånd, i ånden, jeg mener i åndens verden.
Hvilken verden har vi gitt vår største tillit til?
Vi har 2 verdener å bevege oss i. Vi har den fysiske verden og den åndelige verden. Min personlige opplevelse, uten å ta for hardt i, er at kristne beveger seg i den fysiske verden, i kjøttet, mens den okkulte verden beveger seg i det åndelige. Har du tenkt på det noen gang? Dette er virkelig katastrofal avsporing av den såkalte "kristenenhet".

"I Ånden og i salvelsen"

Enkelte forkynnere påberoper seg å være "i Ånden og i salvelsen" fra prekestolen, mens mennesker i salen opplever at de kun er i kjøttet. Hva om de i salen heller ikke er så «åndelige» - hva skjer da? Ja, det er et interessant spørsmål. Her er i hvert fall en gruppe mennesker som forstår forskjell på ånd og kjøtt. Men hva med de som ikke forstår det de opplever? Her spriker det begge veier. Det virker ikke ekte, det er noe rart, mennesker blir forvirret, usikre og vet ikke hva de skal gjøre. De vet ikke hva de skal tro på lenger.

Denne sterke usikkerheten er fra Satan

Denne sterke usikkerheten som kommer, er et av Satans viktigste og sterkeste våpen. Slikt burde aldri skje, men det gjør dessverre det. Den kristne verden må tilbake til en åndelig trygghet i Jesus Kristus. Satan gjør kristne til sin verste fiende. Mennesker i andre åndelige retninger, som da tilhører mørkets rike, er trygge i sin åndelighet. Her snakker jeg da om okkultismen.

De okkulte er åndelige, men i feil ånd. Mens kristne som har rett Ånd, ofte ikke er i det åndelige. Slik kan det jo ikke være. Hver kristen har selvfølgelig ansvar for sitt eget kristenlivs vekst og forståelse. Vi kan ikke skylde på noen annen enn oss selv. Som kristne har vi alt vi trenger i Bibelen.

Bibelen forklarer oss klart i Efeserbrevet om tjenestegavene. Blant tjenestegavene har vi en tjenestegave som heter pastor/hyrde og en som heter lærer. Disse gavene har en spesiell oppgave i å ta seg av de deler av Kristi legeme, som ikke er i forkynnende embeter og de som da ikke er i forkynnende embeter, har Gud gitt økonomisk ansvar for dem som er kalt til forkynnende embeter.

Det du har, kan du gi

En kombinasjon av ansvar for seg selv som kristen og ansvaret som pastor/lærer i Kristi legeme, synes jeg er en naturlig kombinasjon. En naturlig kombinasjon i alle forkynnende tjenestegaver og i alle hjelpetjeneste-gaver. Dette er en selvfølgelighet, men er det slik? En leder vil aldri være i stand til å gi mer til andre enn han har mottatt selv fra Herren. Alt lært gjennom livets prøvelser, i familien, gjennom erfaringer i tjenesten - den totale vandringen Gud og samfunnet med Ham i Ordet og bønnen. Skal jeg kunne gi Kristi legeme noe fra Herren, må først Herren ha fått arbeide med meg. Jeg må først ha få alt i rett skikk hos meg selv. Jeg må først selv få en åndelig innsikt, gitt meg av Herren personlig, gjennom læring og prøvelser.

Her får Satan lett tilgang – åndelig kjødelighet eller kjødelig åndelighet

Her lyser varsellampene rødt hele veien

Seier over Satan

Det at en forkynner fra en prekestol påberoper seg å være "i Ånden" verbalt (eller i handling), mens sannheten er at alt er "kjøtt". Det er en farlig kombinasjon, for et publikum som hungrer etter Herren Jesus og åpenbaringen av Hans herlighet. Ofte tar de imot alt.
Her er da en ypperlig anledning for demoner å komme til. Her kan de besmitte det tilstedeværende av Kristi legeme, og de som eventuelt har tenkt å bli en del av det.

Som kristne må vi komme oss inn i en åndelig posisjon med våre liv. Det er noe vi må, hvis ikke bør vi finne på noe annet. Vi ødelegger ikke bare for oss selv, men også for dem som er rundt oss. Vi har alle en smittende effekt fysisk og åndelig. Selv om effekten måtte være liten og dårlig, så er det Satans tanker. Ja, livsfarlig åndelig er det.
Den kristne kan slik være sin egen verste fiende. Når sant skal sies, Satan og demonene har ingen vanskelig match. Så hva gjør vi med det?

En åndelig oppvåkning
Svaret er en åndelig oppvåkning. Og med det mener jeg, at de som er født på ny må søke av hele sitt hjerte og bli åndelige. Satan og de onde demonenes etterfølgere er åndelig bevisste. Det er de som er født på ny som skulle være de absolutt åndelige, som står i den

Hellige Ånds kraft og beseirer enhver demon til enhver tid i den åndelige verden.

Seier over Satan

Seier over Satan

15

Besatt - og hvordan bli fri?

Bibelen taler tydelig om at mennesket er mer enn bare kjøtt og blod.

I Korinterbrevet kan vi lese:
"Vi er altså frimodige, og vil heller være borte fra legemet og være hjemme hos Herren." (2 Kor 5, 8)

Her ser vi at menneskets "jeg" ikke er legemet. Det tales her om å være borte fra legemet. Vi har noe inne i det mennesket som er synlig fra yttersiden. Det som er inne i oss kaller Bibelen for menneskets ånd, vårt "jeg". Men i tillegg til ånd og legeme har vi også vårt sjelsliv, vår personlighet.

Bibelen sier:
"Guds Ord er levende og kraftig og skarpere enn noe tveegget sverd, og trenger igjennom inntil det kløver sjel og ånd." (Heb 4, 12)

Så mennesket totalt er en ånd, som har en sjel - og er ikledd et legeme. Vi skal se litt på menneskets ånd i dette avsnittet.

Seier over Satan

Menneskets ånd, var som vi så, vårt "jeg". Og det er her Guds Ånd bor hos mennesker som er født på ny. Et menneske som er født på ny, er med andre ord besatt av Guds Ånd - den Hellige Ånd. Besatt betyr jo kort og greit at det er noen ting som sitter der. I et menneske som er født på ny, så er det den Hellige Ånd som har satt seg i vedkommendes ånd, og har all autoritet der. Det vil igjen si at et menneske som er født på ny, ikke kan bli besatt av onde ånder, demoner. For det mennesket har allerede en Ånd i sin ånd, og det er den Hellige Ånd.

"Dere er av Gud, Mine barn, og har seiret over dem. For Han som er i dere, er større enn han som er i verden." (Joh 4, 4)

Den kraft som bor i et menneske som er født på ny, er større enn djevelens makt. For å bli besatt, må menneskets ånd være ledig. Har det Guds Ånd i sin ånd, har djevelen ingen mulighet til å komme inn. Jeg vil nevne noen få måter et ufrelst menneske kan bli besatt av demoner i sin ånd på.
I. Den ene måten er ved å ta et bevisst standpunkt for djevelen og la ham bli herre i ens liv. Da blir mennesket en djeveltilbeder. På samme måte som et menneske åpner seg for Jesus for å bli født på ny, kan man åpne seg for demoner. Mennesket bestemmer selv med sin vilje hvilken ånd de vil ha inn i sin ånd - enten Guds Ånd eller djevelens ånd.

Seier over Satan

Eller at menneskets ånd forblir med den medfødte urene ånden.

Paulus sier:
"Dersom du med din munn bekjenner Jesus som Herre og i ditt hjerte tror at Gud oppvakte Ham fra de døde, da skal du bli frelst." (Rom 10, 9)

Det som skjer når man i ærlighet og oppriktighet gjør som dette bibelstedet sier, er at man får Guds Ånd i sin ånd. Dette er fremgangsmåten for å få Guds Ånd inn i vår ånd: Vi blir født på ny.

Derfor: Den ene måten å bli demonbesatt på, er å ta et bevisst standpunkt for Satan. På samme måte som vi lar Jesus bli herre i vårt liv - blir djevelen herre i stedet for.

II. En annen måte er at besettelsen skjer over et lengre tidsrom, og ved en litt mer ubevisst handlinger. Demonene trenger tid til å arbeide på en person, slik at han åpner sin ånd mer og mer, til den er helt åpen, og de kan komme inn. Det skjer ikke på et øyeblikk, som det gjør når en tar et bevisst standpunkt direkte.
Bibelen sier:
"Men treet til kunnskap om godt og ondt må dere ikke ete av, for på den dag du eter av det, skal du visselig dø."
(1 Mos 2, 17)

Seier over Satan

Mennesket var ulydig mot Gud. Det syndet og spiste av treet, og som en konsekvens døde det. Ikke fysisk (med en gang), men det skjedde en åndelig død først. Guds Ånd forlot menneskets ånd, og i stedet begynte mennesket å bære sin nye herres merke. Mennesket fikk en uren ånd - en syndig natur. Denne urene ånd - syndige natur - som alle mennesker som ikke er født på ny har, er med å åpne opp for demoner. De vil besette menneskets ånd, når personen begynner å søke overnaturlige ting. De er ikke bevisst at det er djevelen de søker. Her er det signaler mellom den urene ånd - den syndige natur - som er i et menneske som ikke er født på ny, og de demoner som vil besette mennesket. Begge ånder er urene.

Hvordan begynner man da å åpne sitt åndsliv for demoner?

Det skjer alltid ved at man er delaktig i ting som har med det overnaturlige/åndelige å gjøre, som for eksempel spiritisme. I spiritismen åpner man til en viss grad sitt åndsliv bevisst for onde ånder. Det kan man gjøre uten å direkte tenke på djevel og demoner, ja til og med uten å tenke spiritisme. Er man aktivt delaktig i spiritisme, vil automatisk demonene få mer og mer tak. Til slutt er man bundet i sin personlighet/sjel og kontrollert av dem, faktisk uten å vite om det. De aktivt delaktige mister mer og mer kontroll, og demonene får mer kontroll i deres liv.

Seier over Satan

Spiritismen i sin originale form, er at en person er et medium, gjennom hvilke «avdøde slektninger» kan kommunisere. Det er hva de tror. Selvfølgelig er det ikke de døde som kommuniserer, men demoner som gir seg ut for å være dem. Noen mennesker er mer lett tilgjengelige for bruk i akkurat denne form for spiritisme, enn andre.

Seier over Satan

SPIRITISMEN OG DENS HISTORIE

16

Spiritisme (engelsk av spiritus), troen på at enkelte mennesker, såkalte medier, er i stand til å oppnå forbindelse med avdødes ånder, overbringe budskap fra dem og ved deres hjelp fremkalle fenomener som ikke kan forklares på grunnlag av de naturlover man kjenner. Slik tro har vært kjent fra de eldste tider, og er fremdeles ganske alminnelig innenfor naturreligionene (se avsnitt naturreligion).

Grunnlaget for moderne spiritisme kan føres tilbake til 1700-tallet til den svenske naturfilosof og teosof Emanuel Swedenborg. Den moderne, vestlige, spiritistiske bevegelse oppstod i byen Hydesville i USA i 1848, i forbindelse med bankelyder som man mente kom fra ånder.
Den spiritistiske bevegelse fikk stor utbredelse også i intellektuelle kretser, og spredde seg til andre land. Det ble stiftet spiritistiske foreninger og selskaper med egne kirker over hele verden. Grunnlaget var troen på at menneskenes ånder etter døden fortsetter livet

Seier over Satan

på høyere plan, der de stadig utvikles og foredles. Og at de derfra også følger de etterlevende og forsøker å hjelpe dem, samt at de eventuelt inkarneres til nye jordeliv. Spiritismen har også sterke innslag av indiansk og afrikansk opprinnelse (som da er naturreligion).

SPIRITISTISKE FENOMENER
Som eksempel på spiritistiske fenomener og parapsykologiske betegnelser kan nevnes:
Materialisasjon (materie) betyr blant annet at avdøde personers ånd legemliggjøres.
Psykokinese (av psyke, gresk bevegelse) at gjenstander beveger seg ved psykisk påvirkning uten fysisk kontakt.
Levitasjon (av latin, letthet i vekt) å sveve i luften. Dette er en betegnelse på det fenomen at personer tilsynelatende hever seg opp i luften og holder seg svevende uten påvirkning av tyngdekraften. Mange beretninger om dette har kommet fra India og Tibet.

Poltergeist (av tysk: larme, bråke, ånd), banke ånd. Betegnelse på overnaturlige krefter, spøkelser, som opptrer inne i hus. De ytrer seg ved bankelyder og ved voldsomme bevegelser som ofte kan knuse inventaret. Forskning har vist at dette helst knytter seg til spesielle personer, ofte yngre mennesker, samt mennesker i psykisk ubalanse.

Seier over Satan

Dette antyder at fenomenet i en viss grad kan være psykisk betinget, for eksempel en form av psykokinese.
Spiritismens grunnlag for parapsykologi
Spiritismen blomstret opp i siste halvdel av 1800-tallet. I 1882 dannet en gruppe ledende vitenskapsmenn "Society for Psychial Research" i London, med formål å undersøke spiritismen og nærliggende områder på et kritisk og vitenskapelig (sannsekunnskapelig) grunnlag. Et lignende selskap ble grunnlagt i USA i 1888, med filosofen William James som en av grunnleggerne.

Parapsykologi som universitetsfag ble ikke aktuelt før i 1930-årene. Da ble det opprettet et forskningslaboratorium ved Duke University i Durham (USA), under ledelse av J.B. Rhine. Siden har lærerstoler i parapsykologi blitt opprettet blant annet ved universitetene i Utrecht og Edinburgh. Den enorme forskningsaktiviteten, blant annet i USA og Sovjetunionen siden 1960-årene, har vært med på å gi parapsykologien "et betydelig vitenskapelig grunnlagsmateriale" (vitenskapelig, sansekunnskap, åndskunnskap?) Parapsykologi betyr: Vitenskapelig utforskning av paranormale (tidligere kalt overnaturlige) fenomener. Herunder hører de såkalte ESP (Extra-Sensory-Perception - ekstra sensorisk persepsjon) fenomen.

Seier over Satan

Fenomener som telepati (tankeføring), klarsyn og prekognisjon (oppfatning av fremtidige hendelser).

Som vi forstår er spiritisme et begrep med forgreninger inn i alle typer av det overnaturlige. Det er dette som også står bak naturreligionene, hvor animismen er en del, og de andre religionene som er overnaturlig bevisste. Det vil igjen si at alle som begynner å søke åndelig, overnaturlig kontakt, vil få det. De vil få kontakt med det som vitenskapen har kalt spiritisme. Ulike typer spiritisme er et resultat av sansekunnskapens nyfikenhet og behov av noe mer enn det sanselige og "naturlige". Det er det ikke-kristne, det ikke-gjenfødte mennesket, som har forsøkt å finne ut av en verden utenfor den "naturlige, jordiske". Selvfølgelig får man kontakt med den verden når man søker den. Det gjøres forsøk på å få innsikt, men det er umulig for et ikke-gjenfødt menneske. Det eneste en kan oppnå, er å se resultatene av en åndelig aktivitet. Og de forskjellige resultatene av den åndelige aktiviteten har da blitt katalogisert og gjort til en vitenskap. Pluss at det skaper store åndelige problemer for den som beveger seg inn på disse områdene.

Paulus sier:

"Men, som det står skrevet: Det som intet øye har sett og intet øre hørt, og det som ikke oppkom i noe menneskes hjerte - det har Gud

Seier over Satan

beredt for dem som elsker Ham. Men for oss har Gud åpenbart det ved Sin Ånd. For Ånden utforsker alle ting, også dybdene i Gud. For hvem blant mennesker vet hva som bor i et menneske, uten menneskets egen ånd som er i ham? Slik vet heller ikke noen hva som bor i Gud, uten Guds Ånd. Men vi har ikke fått verdens ånd, men den Ånd som er fra Gud, for at vi skal kjenne det som Gud i Sin nåde har gitt oss. Og dette forkynner vi, ikke med ord som menneskelig visdom har lært oss, men med ord vi har lært av Ånden. Vi tolker åndelige ting med åndelige ord.

Men et sjelelig menneske tar ikke imot det som hører Guds Ånd til. For det er en dårskap for ham, og han kan ikke kjenne det, det kan bare bedømmes på åndelig vis." (1 Kor 2, 9-14)

Åndelig innsikt

Her er det snakk om å få åndelig innsikt, en innsikt som er tilgjengelig kun for de som er født på ny. En personlighet, en sjel, en psyke, har overhodet ikke mulighet til innsikt her. Det eneste de kan oppnå, er å se uten forståelse en åndelig aktivitet.

Ved nysgjerrighet og tilnærming til det åndelige, kan de bli fanget av det og til slutt bli besatt. De forskjellige typer av åndelig aktivitets-virkelighet som jeg har nevnt for dere, kan trekkes sammen til noen få ord:

Det er alle demoners aktivitet. Og djevelen og hans demoner er på jorden kun for en hensikt. "Tyven, djevelen, kommer bare for å stjele, myrde og ødelegge." (1 Joh 10, 10)

Det fantastiske for menneskeheten, er at djevelen og alle hans demoner er beseiret en gang for alle, ved Jesu dyre blod.

Bibelen sier: "Han avvæpnet maktene og myndighetene og stilte dem åpenlyst til skue, da Han viste Seg som seiersherre over dem på korset." (Koll 2, 15)

Videre sier Bibelen: "Dertil er Guds Sønn åpenbart, at Han skal gjøre ende på djevelens gjerninger." (Joh3, 8)

Mennesket har forsøkt å finne ut ting i en verden utenfor den fysiske, fra et liv i en ikke-kristen tilstand, en ikke-gjenfødt tilstand. Det eneste de oppnår, er å gjøre ting vanskelig for seg selv. De vil bare bli manipulert rundt av djevelens løgner. Alt begynner med at djevelen undertrykker, før man blir bundet i sin sjel, personlighet, og til slutt kan en bli besatt.

Som gjenfødte mennesker, renset fra vår synd i Jesu blod, har vi blitt utfridde fra djevelens snarer. Vi kan leve fri fra dem. Og som den eneste type mennesker på jorden har vi seier over djevelen og alle hans demoner i - Jesu

Seier over Satan

navn. Alle ytre aktiviteter av demoner og hva aktivitetene kalles, er ikke interessant. Vi går direkte til kjernen og tar autoritet over demonene, som allerede er beseiret uansett ytringer de måtte gjøre. Vi må gå til opphavet til aktiviteten, ikke til selve aktiviteten. Det er seier i Jesu navn!

Seier over Satan

Naturreligion

17 Religion hos naturfolket. Med naturfolk tenker vi på de mennesker som har en enkel kulturform, og lever av jakt og fedrift eller primitivt jordbruk. De savner skriftlig litteratur, men har som regel en mer eller mindre utformet muntlig overlevering med religiøst innhold. De kalles ofte for primitive folk. Antropologene som har besøkt dem, har nedtegnet sine inntrykk av deres liv og religiøse praksis. Ved å sammenligne dette materialet fra forskjellige deler av verden, har det kommet frem relativt faste kulturtyper og religiøse forestillinger som stort sett går igjen i kulturer med beslektede livsgrunnlag og levemåte.

Når det gjelder gudsforestillingen, kan det være variert, men som regel finner man ideen om en høyere gud. Man tenker seg alltid at han er siste forklaring på tilværelsens gåter. Ved den høyeste gudens side, er det alltid en rekke andre guder. Fremfor alt guder som hersker over naturens krefter og dyrenes liv (som tordenens og regnets herre,

Seier over Satan

fruktbarhetsguddommer som moder jord, og guder for jakt, fiske og krig).

Hos naturfolkene spiller også dyrkelsen av de avdødes ånder en betydelig rolle. Man forestiller seg at de døde lever videre i gravene. Derfra går de ut fra tid til annen og griper inn i de etterlevendes skjebne, til menneskenes beste, men også iblant til deres skade. For å holde seg til venns med disse ånder, ofrer man til dem. Som regel er det høvdingen som er den øverste leder for kulten. Ved hans side står vanligvis en del prester. Prestens oppgave omfatter ikke bare ofring og ledelse av det kultiske samvær. De skal tyde tegn og drive ut ånder. Særlig det siste er viktig, for man tenker seg gjerne at sykdom blir forårsaket ved besettelse. En prest som særlig befatter seg med å utdrive sykdoms-demoner, kalles medisinmann.

Hos naturfolkene finner vi alltid troen på en eksistens etter den legemlige død. Det vanlige er at mennesket tenkes å leve videre i underverdenen som et slags åndelig vesen. Av og til møter vi også troen på sjelevandring, det vil si at sjelen vender tilbake og går inn i et nyfødt barn. Forskjellen mellom religion og magi består i at mennesket i religionen føler seg avhengig av de skjebnebestemmende makter og ber til dem, mens de i magien føler seg som herre over disse maktene og

Seier over Satan

kommanderer dem. Jo mer primitivt samfunnet er, desto nøyere er disse to holdningene knyttet sammen.

I naturreligionen ser vi forløperen til den vestlige spiritismen og gjenkjenner animismen. Vi kan se at det åndelig/demonisk har en linje. En linje som sniker seg inn i den vestlige verden, hvor det sansekunnskapelige, ikke-gjenfødte menneske ikke har noen mulighet til å forstå disse realiteter.

Animisme
Vi finner mange mennesker som blir besatt blant animister. Animisme er det vi kaller naturreligion. Tidligere var animismen mest blant de primitive folkeslag, men den får stadig mer og mer rot også i moderne vestlig kultur.

"Alle mennesker født på jordens overflate, er jo født med evigheten i sine hjerter." (Fork 3,11)

Det er fordi vi er skapt i Guds bilde, og Gud er Ånd. Vår ånd ble gjort uren som følge av syndefallet, men det forhindrer ikke at vi er skapt i Gudebildet. Evighetsdelen, vår ånd, søker etter den levende Gud Jehova, og Hans Sønn Jesus Kristus, enten vi er det bevisst eller ikke. Samtidig søker vår urene ånd fellesskap med sin like, altså en uren ånd. På dette grunnlag har vi det som kalles naturreligion, animisme.

Animisme (latin: sjel), altså troen på at alle gjenstander og fenomener i naturen har en iboende sjel. I videre forstand: Troen på alle tings upersonlige kraft, mana (animatisme). Begrepet var opprinnelig en del av en filosofisk teori i Tyskland på 1700-tallet, som gikk ut på at sjelen var livets prinsipp og forklaringen på det organiske univers forløper, i tillegg til å være bevissthetens bærer. Innen antropologi brukes animisme om mange såkalte primitive folkeslags religiøse forestillinger, om en sjelelig kjerne i alle ting.

Mennesker som aldri har fått evangeliet forkynt, eller langt mindre hørt navnet Jesus, har som alle andre en lengsel og et behov etter et åndelig liv. Et liv som de er skapt til å leve i, selv om de i utgangspunktet ikke er et åndelig liv bevisst.

Derfor søker ethvert menneske sin herre Mennesket tilber og ofrer i naturreligionen, animismen, til sjelen/kreftene som antas å bo i steiner, planter, dyr, jord, ild, vann, torden, regn, himmellegemer med mer. Dette gjøres i lengsel etter å få dekket et ubevisst indre åndelig behov. Demonene ser at mennesket i sin tilbedelse søker en åndelig virkelighet. De kommer da med sin "tilfredsstillelse". Mennesket blir fanget i demonenes grep.

Seier over Satan

Mennesket på søken tar imot alt demonene presenterer for dem, og de blir til slutt besatt og kontrollert.

Spiritistiske seanser - naturreligioner

I spiritistiske seanser hvor de bruker "medier", tror de at gjennom mediet kan avdødes ånd kalles frem. Dette er nøyaktig det samme som blir gjort i naturreligionen, animismen. I disse seansene er det ikke menneskets ånd de får frem, men det er derimot demonene som åpenbarer seg! De utgir seg for å være personen som det søkes kontakt med. De kjenner til alt om vedkommende person, og kan på det grunnlag utgi seg for ham.

Seier over Satan

18

Forklarende tillegg:
Teosofi

Religiøs tro som bygger på naturmystikk og på at Gud finnes i alle ting. I 1875 grunnla Helene Petronova Blavatsky (1831-91) i USA, en forening ved navn Theosophical Society. Formålet var å utbre en lære hun hadde nedtegnet, en blanding av indiske, egyptiske og europeiske tradisjoner. Fremtredende i denne læren er gradvis utvikling av menneskeheten gjennom reinkarnasjon (som hinduismen), og troen på en universell intelligens som forvaltes av de såkalte mahatmas, overjordiske mestere som underviser mennesker.

Annie Besant (1847-1933) var leder for selskapet etter Helena Blavatskys død. Hun var også en av lederne for det indiske kongresspartiet (Indian National Kongress). Teosofene fikk stor innflytelse i India. De var ofte negative til kristendommen.

Antroposofi

Åndsretning utformet av den tyske Rudolf Steiner (1861-1925). Han hevdet at mennesket gjennom meditasjon kan utvikle sine åndsevner til å anerkjenne en oversanselig verden, og få

innsikt i sitt eget vesen og kosmiske krefter
som er unndratt den naturvitenskapelige
forskning. Bevegelsen ble grunnlagt i 1913, da
Steiner brøt med teosofien og dannet
Antroposofisk Selskap. Antroposofien har
tilhengere i mange land, med sentrum i den frie
høyskole for åndsvitenskap, Getheanum i
Dornach, Sveits. Det er opprettet skoler
(Steiner-skoler) bygget på antroposofiens
pedagogiske ideer i en rekke land, deriblant
Norge. Steiner utviklet sine egne ideer innen
jordbruk, såkalt biodynamisk jordbruk,
medisin, arbeid med psykiske
utviklingshemmede, og innen kunst og
arkitektur.

Filosofi
Vitenskap som vil finne grunnprinsippene og
sammenhengen i tilværelsen. Ordet filosofi er
egentlig betegnelse for kjærlighet til
visdommen. Opprinnelig ble betegnelsen brukt
til dels om all vitenskap overhodet, dels i
betydning av læren om den "sanne"
virkelighet, som alle tings opphav. Etter hvert
skilte de enkelte fagvitenskapene seg ut, først
til matematikk, astronomi, fysikk og biologi,
deretter i nyere tid til fagområder som
psykologi og sosiologi. Dette gjorde at
filosofien mistet sin tidligere altomfattende
karakter. Ordet filosofi i vanlig dagligtale, har
ingen klart avgrenset mening.

Seier over Satan

Filosofi omfatter metafysiske spekulasjoner, livssynsspørsmål, kunnskapens opprinnelse, natur, religion, kunstens og moralens grunnlag og mening. De fem hovedretningene av filosofi er: Logikk, erkjennelsesteori, etikk, estetikk og metafysikk.

Jeg kunne ha tatt med mer angående disse tingene, men jeg vil anbefale at du selv slår opp i oppslagsverker. Da vil du finne ut hvordan disse ting er flettet inn i den globale samfunnsstruktur.

Seier over Satan

19 Døden

Døden betyr ikke at mennesket opphører å eksistere, men at det blir utestengt fra det virkelige livet i Gud. Døden inntrer ikke øyeblikkelig i sin definitive form. Den gjennomgår en utvikling, inntil den til sist blir definitiv og evig. Det er tale om tre forskjellige trinn i dødsprosessen; åndelig, legemlig og evig død.

I Den åndelige død
inntrådte hos de første mennesker i og med syndefallet.

"Og Gud bød menneskene: Du må fritt ete av alle trær i hagen; men treet til kunnskap om godt og ondt må du ikke ete av. For på den dag du eter av det, skal du visselig dø." (1 Mos 2, 16-17)

Videre sier Bibelen:
"Men om frukten på det tre som er midt i hagen, har Gud sagt: Dere skal ikke ete av den og ikke røre ved den, for da skal dere dø." (1 Mos 3, 3)

Seier over Satan

Denne form for død kalles åndelig død, adskillelse fra Gud.

"Så viste Gud Herren ham ut av Edens hage og satte ham til å dyrke jorden, som han var tatt av. Og Han drev mennesket ut, og foran Edens hage satte Han kjerubene med det luende sverd som vendte seg hit og dit, for å vokte veien til livsens tre." (1 Mos 3, 23-24)

"At dere på den tid stod utenfor Kristus, utelukket fra Israels borgerrett og fremmede for paktene med deres løfte, uten håp og uten Gud i verden." (Ef 2, 12)

Alle er av naturen åndelig døde, skilt fra Gud. Menneskets ånd har et liv, men for Gud er den død av synden.

II Den legemlige død.
Da det er en organisk forbindelse mellom legeme og sjel, måtte syndens straff og følger også virke på menneskets legeme. Slik kom da den legemlige død inn i verden.

"Derfor, likesom synden kom inn i verden ved ett menneske, og døden ved synden, og døden således trengte igjennom til alle mennesker, fordi de syndet alle." (Rom 5, 12)

Seier over Satan

Adskillelsen mellom menneskets legeme og
sjel er altså et ledd i en destruktiv prosess.

"For ettersom døden er kommet ved ett
menneske, så er også de dødes oppstandelse
kommet ved ett menneske, for liksom alle dør i
Adam, så skal og alle levendegjøres i Kristus."
(1 Kor 15, 21-22)

III Den evige død
Dette er siste utviklingstrinn i dødsprosessen,
der den får gå sin gang uhindret. I den evige
død er den åndelige død definitiv. Den evige
død eksisterer fremdeles, men er for alltid
avskåret fra det virkelige livet - livet i Gud.

"Da skal Han også si til dem ved Sin venstre
side: Gå bort fra Meg, dere forbannede, i den
evige ild, som er beredt djevelen og hans
engler." (Matt 25, 41)

Og disse skal gå bort til evig pine, men de
rettferdige til evig liv. Den evige død er dødens
fullendte og endelige form. Derfor omfatter
den mennesket til ånd, sjel og legeme.

IV Dødsriket
I følge Jesu lære er dødsriket oppdelt i to
avdelinger av helt motsatt karakter. Det onde
og det gode overflyttes umiddelbart etter døden
for å vente på oppstandelse og evig dom.

Seier over Satan

I den ene avdelingen, "Abrahams skjød" (eller Paradiset), samles umiddelbart etter døden de rettferdiges sjeler til glede og salig forventning. Mens de urettferdige føres til den annen avdeling, et "pinens sted". Der samles dem som har tilsidesatt Guds vilje slik den er åpenbart i loven og den profetiske forkynnelse. (Luk 16, 29-31) Den som forkaster Guds nådes åpenbarelse, i ord og gjerning gjennom Kristus og Hans sendebud, forkastes av Gud selv og forvises til dette pinens sted.

"Den fattige døde, han ble båret bort av engler i Abrahams skjød; men også den rike døde og ble begravet. Og da han slo opp øynene i dødsriket, der han var i pine, da ser han Abraham langt borte og Lasarus i hans skjød. Da ropte han: Fader Abraham! Forbarm deg over meg og send Lasarus, for at han kan dyppe det ytterste av sin finger i vann og svale min tunge for jeg pines storlig i denne lue. Men Abraham sa: Sønn! kom i hu at du fikk ditt gode i din levetid, og Lasarus likeså det onde! Men nå skal han trøstes her og du pines."(Luk 16, 22-25)

Den som velger Kristus i nådens tidshusholdning, går til "Paradiset" når han/hun dør

"Og Han (Jesus) sa til ham: Sannelig sier Jeg deg: I dag skal du være med Meg i Paradis."

Seier over Satan

De som har opplevd Kristi gjerninger og
evangeliets forkynnelse - og ikke tar et
standpunkt for det - går til "pinens sted." (Luk
23, 43)

"Og du Kapernaum, som er blitt opphøyet like
til himmelen; like til dødsriket skal du bli
nedstøtt. For dersom de kraftige gjerningene
som er gjort i deg var gjort i Sodoma, da var
det blitt stående til denne dag"
(Matt 11, 23)

Dødsrikets oppgave og makt er temporær. I de
ulike avslutningsfasene i Guds frelsesplan, må
det gi sine innvånere tilbake i forbindelse med
de ulike trinn i oppstandelsen. Når den evige
dom har anvist enhver hans plass for evigheten,
er dødsrikets oppgave løst. Men inntil den tid,
er alle i forvaring i dødsriket. Enten i
"Abrahams skjød", eller i et "pinens" sted. Det
er ingen mulighet for et menneskes ånd å
forlate dette åndelige området. Ut av
"Abrahams skjød" eller "pinens sted", vil man
ved Guds suverene autoritet, og på grunn av
egne viljebeslutninger i livet før døden, bli
overført til sitt evige bestemmelsessted etter
den evige dom.

V Det er demoner som trer frem
Så enhver spiritistisk seanse, hvor en "person"
trer frem i et "medium", er det ikke personen

som søkes som trer frem, men en demon. De har den tilgjengelighet i våre omstendigheter og liv som de blir gitt. De utgir seg for å være personen som søkes.

Vi har et eksempel på dette i Bibelen:
"Da sa Saul til sine tjenere: Finn meg en kvinne som kan mane frem døde, så vil jeg gå til henne og spørre henne! Hans tjenere svarte: I En-Dor er det en kvinne som kan mane. Så gjorde Saul seg ukjennelig og tok andre klær på og gikk så til kvinnen om natten, og Saul sa: Spå meg ved å mane frem en død, og hent opp til meg den som jeg nevner for deg! Kvinnen svarte ham: Du vet jo selv hva Saul har gjort, hvorledes han har utryddet dødninge-manerne og sannsigerne av landet, og hvorfor setter du da en snare for mitt liv, så du fører død over meg? Da svor Saul henne en ed ved Herren og sa: Så sant Herren lever, skal ingen skyld komme på deg i denne sak. Da sa kvinnen: Hvem skal jeg hente opp til deg? Han svarte: Hent Samuel opp til meg." (1 Sam 28, 7-11)
Denne kvinnen fra En-Dor, var en dødningemaner. Hun skulle være i stand til å kalle de døde frem fra døden. (Hvilket ikke er mulig). Hun var spiritist. Hun sa til Saul at hun hadde manet frem Samuel. Det var ikke Samuel som åpenbarte seg, men en demon. Denne demonen hadde kjennskap til Samuel,

og utga seg for å være ham. (Se avsnittene: Spiritismens og dens historie, og Dødsriket).
Det står skrevet:
"For vi har ikke kamp mot blod og kjøtt, men mot makter, mot myndigheter, mot verdens herrer i dette mørket, mot ondskapens åndehærer i himmelrommet". (Ef 6, 12)

"Gi ikke djevelen rom!" (Ef 4, 27)

Seier over Satan

Seier over Satan

Hvordan bli fri demon-besettelse?

20

Besettelse kan også skje ved at et menneske begynner å få permanente tilbøyeligheter i en spesiell retning. Det kan være ting man aldri før har tenkt på, eller har hatt begjær etter, og opplever at tankelivet alltid er opptatt av disse tingene, at begjæret blir sterkere og sterkere. På dette punktet er personen allerede bundet av demonene i sin sjel. Det begynner å bli en lidelse, den eneste måten å bli kvitt lidelsen på og få fred i tankelivet, er å tilfredsstille begjæret. Når man får begjæret tilfredsstilt, vil man føle det som en befrielse. Men bare for en stund. Det kommer tilbake igjen. Det blir verre og verre, og man overgir seg gang på gang. Det hele ender med at en blir besatt og fullstendig kontrollert av demoner.

Da demonene forstår at personen vil ha mer av hva de har, vil demonene ha mer av personen. Det er i enkelhet djevelens strategi. Jeg nevner det igjen: Mennesker som er født på ny, kan ikke bli besatt. Enhver besettelse starter i det små, bortsett fra når man tar et bevisst standpunkt for djevelen.

Seier over Satan

Det starter med undertrykkelse av tankeliv og følelsesliv fra menneskets ytterside. Når man gir etter for presset, glir undertrykkelsen inn i vår sjel, vår personlighet, vilje, følelser og vårt intellekt, og binder oss der. Dersom vi gir oss helt over til det der i vår sjel, går det videre til besettelse. Ikke mange mennesker kommer til dette punktet hvor man blir besatt av demoner i sin ånd. De som blir besatt, blir ikke besatt av djevelen, men av hans undersåtter demonene.

Bibelen sier:
"Og de kom på den side av sjøen, til Gerasenernes bygd. Og da Han var gått ut av båten, kom det straks mot Ham ut av gravene, en mann som var besatt av en uren ånd. Han hadde sitt tilhold der i gravene, og de kunne ikke lenger binde ham, ikke engang med lenker. For han hadde ofte vært bundet med fotjern og lenker, og lenkene hadde han revet av seg, og fotjernene hadde han sønderslitt, og ingen kunne rå med ham, og han var alltid, natt og dag, i gravene og på fjellene og skrek og slo seg selv med steiner." (Mark 5, 1-5)

Her ser vi et typisk eksempel på en demonbesatt. Et slikt menneske er helt kontrollert av demoner. Hvordan kan et slikt menneske bli fri fra besettelsen? Gud må bruke mennesker som redskaper for å hjelpe den besatte. Man kan ikke klare å bli fri på egen hånd, fordi djevelen er ens herre.

Seier over Satan

Vi som er født på ny er Guds redskaper på jorden, derfor vil Gud bruke oss. Mennesker som er født på ny og fylt med den Hellige Ånd, er Guds redskaper til utfrielse for dem som er besatt av onde ånder.

"Og disse tegn skal følge dem som tror: I Mitt navn skal de drive ut onde ånder."(Mark 16,17) Videre sier Bibelen:
"Og de skriftlærde som var kommet ned fra Jerusalem sa: Han er besatt av Beelsebul og sa: Det er ved de onde ånders fyrste Han driver de onde ånder ut. Og Han kalte dem til Seg og sa til dem i lignelser: Hvordan kan Satan drive Satan ut? Om et rike kommer i strid med seg selv, kan dette rike ikke bli stående. Og om et hus kommer i strid med seg selv, kan dette hus ikke bli stående. Og dersom Satan setter seg opp imot seg selv og kommer i strid med seg selv, kan han ikke bli stående, men det er ute med ham. Men ingen kan gå inn i den sterkes hus og røve hans gods uten at han først har bundet den sterke, da kan han plyndre hans hus". (Mark 3,22-27)
Det første vi må gjøre er å binde den sterke, demonen som har besatt mennesket.
"Sannelig sier Jeg dere: Alt det dere binder på jorden, skal være bundet i himmelen, og alt dere løser på jorden, skal være løst i himmelen. Igjen sier Jeg dere: Alt det to eller tre av dere på jorden blir enige om å be om, skal gis dem av Min Far i himmelen.

Seier over Satan

Og hvor to eller tre er samlet i Mitt navn (i Jesu navn), der er Jeg midt iblant dem". (Matt 18,18-20)

Bibelen sier videre:
"Han (Jesus) avvæpnet maktene og myndighetene og stilte dem åpenlyst til skue, idet Han viste Seg som seierherre over dem på korset." (Koll 2,15)

Vi binder den onde ånd med Jesu fullkomne seier.
Vanligvis når man skal spørre et menneske som er besatt om det vil bli fri eller ikke, vil man oppleve at demonene blir urolige. Da må demonene bindes i Jesu navn (slik at de ikke forstyrrer når du skal spørre vedkommende). En er helt avhengig av å få et svar fra menneskets "jeg". Svarer mennesket «ja» til å bli fri og «ja» til å la Jesus bli Herre, kan demonene drives ut i Jesu navn. Når demonene er bundet i et menneske, er de allerede på defensiven, selv om de ennå ikke er kommet ut av personens ånd. Den har jo allerede vært beseiret i nesten 2000 år, men den må avsløres og bindes.

Vi binder demonene i Jesu navn
Når djevelen er bundet, kan han ikke få gjort noe mer i en person.

Seier over Satan

"For Han sa til ham: Far ut av den mannen, du urene ånd." (Mark 5, 8)

Vi kommanderer demonene til å komme ut av den besatte personen, i Jesu navn.

"I Mitt navn skal dere drive ut onde ånder." (Mark 16, 17)

Når vi kommanderer demonen å komme ut, er det helt vanlig at den prøver å skremme den som Gud bruker ved å si: " Du har ingen makt over meg", eller: "Vi kommer ikke ut".
Da er det viktig at vi står på Guds Ord, på den befalingen vi har gitt demonen. Den må lyde Guds Ord.
I de første tilfeller med besatte jeg var involvert i, forvirret demonene meg en del. Mange ganger drev jeg på hele netter og ba for mennesker. Djevelen ville slite meg ut.
Men Bibelen sier:

"Vi er en grunnfestet makt for vår motstanders skyld, og å stoppe munnen på fienden og den hevngjerrige." (Salme 8,3)
Vi kommanderer demonene å komme ut i Jesu navn, og står på den befalingen vi har gitt, for "Guds Ord står evig fast." (Salme 199,89) Og er "levende og virkekraftig." (Heb 4,12)
Demonene må adlyde og forlate den besatte.

Seier over Satan

Hvordan beholde utfrielsen?

Det er mange mennesker som kan oppleve å bli
fri fra demonbesettelse, men som en tid etter er
besatt igjen. Hvis vi er blitt satt fri, er vi ikke
da fri?
Det er her så mange har tatt feil. Det er jo klart
at når vi er fri, så er vi fri! Men vi har en fiende
som er ute etter oss, og som vil ha sitt tidligere
offer tilbake.
"Når den urene ånd har faret ut av et menneske,
går den igjennom tørre steder og søker hvile,
men finner den ikke. Da sier den: Jeg vil vende
tilbake til mitt hus, som jeg for ut av. Og når
den kommer dit, finner den det ledig og feid og
pyntet. Så går den bort og tar med seg syv
andre ånder, verre enn den selv, og de går inn
og bor der. Og det siste blir verre med det
menneske enn det første." (Matt 12, 43-45)

For å beholde en utfrielse fra demonbesettelse,
så må vi bli født på ny. Vi må bli fylt av en
sterkere ånd, og det er bare en som er sterkere:
Den Hellige Ånd, Jesu Ånd! Så når djevelen
vender tilbake, finner han at huset er opptatt av
en annen Ånd, en som er sterkere enn ham
selv. Da må han bare gå. Han har ingen
mulighet til å få tilbake sitt gamle hus.
Så lenge vi vil ha Jesus som herre i vårt liv, har
vi den Hellige Ånd i vår ånd - og ingen annen
ånd kan komme inn!

Seier over Satan

Når jeg har bedt for demonbesatte, og vedkommende er blitt satt fri, så ber jeg med den utfridde til frelse. Jeg ber Jesus fylle vedkommende med den Hellige Ånd. Dette er helt nødvendig. Dersom vedkommende ikke blir frelst, så kommer de onde ånder tilbake. De finner ånden ledig, og besetter igjen. (Matt 12,43-45)

"Dere er av Gud, Mine barn, og har seiret over dem, demonene, for Ham som er i dere, er større enn han som er i verden." (1 Joh 4, 4)

Seier over Satan

Seier over Satan

Bundet - hvordan bli fri?

I: Bundet

Vi skal se litt på hvordan mennesker blir bundet i sitt sjelsliv. Som nevnt tidligere så er sjelslivet menneskets personlighet. Det innehar følelser, vilje og forstand. Mine egne erfaringer når det gjelder utfrielse, viser at det er lettere å bli fri demonbesettelse, enn det å være bundet i sjelslivet. I sjelslivet har demonene så mye intellekt de kan skjule seg bak.

Hvordan blir et menneske bundet i sitt sjelsliv, og hvem kan bli bundet? Alle kan bli bundet i sitt sjelsliv, enten de er født på ny eller ikke. Det er mange ting et menneske kan bli bundet av, men jeg skal bare ta frem hvordan man blir bundet generelt.

Vi ser først på et menneske som var bundet i Bibelen:
"Men denne, en Abrahams datter, som Satan har bundet, tenk i atten år, skulle ikke hun bli løst av dette bånd på sabbatsdagen?" (Luk 13,16)

Seier over Satan

Her taler Bibelen om en troende kvinne som var bundet av Satan. Vers 11 i samme kapittel sier at det var en "vanmakts ånd", altså en demon. Den hadde satt seg i kvinnens sjelsliv og bundet det. Sjelslivet er som jeg sa vår personlighet. Når man blir bundet i sin personlighet, så vil det som binder prege nettopp personligheten. I dette tilfellet forårsaket det at kvinnen ble krumbøyd.

"Og se, det var en kvinne som hadde en vanmakts ånd i atten år, og hun var krumbøyd og kunne ikke rette seg helt opp." (Luk 13,11) Da vårt legeme har i seg åpenbarelsen av vår personlighet, vil naturlig en bundet persons personlighet gi uttrykk i legemet, som med denne kvinnen. Det kan virke som et fysisk angrep, en undertrykkelse av legemet, en sykdomsånd eller en skrøpelighet. Men det var det åpenbart ikke. Det var en vanmakts ånd - en svakhets ånd i hennes sjel, i hennes personlighet. Den kom da til uttrykk i kvinnens legeme, hun ble krumbøyd. Enhver som er bundet i sin sjel, vil ha et uttrykk i sin kropp (eller sitt åsyn/ansikt) av den ånd de er bundet av.

"Og grip foruten alt dette troens skjold (Guds Ord) hvormed dere skal kunne slokke alle den ondes brennende piler." (Ef 6,16)

Seier over Satan

Djevelens angrep er med brennende piler, de er rettet mot inngangsporten til vårt sjelsliv, personligheten vår.

"Inngangsporten" er via sansene med tanker eller følelser, eller direkte tanker og følelser. Altså tankepiler til intellektet, eller følelsespiler til følelsene.
"Men det... kom en tanke opp i dem... om hvem som var den største iblant dem." (Luk 9,46)

Her kom det en tankepil fra djevelen rettet mot forstanden, en hovmods/selvopphøyelses tanke. Og bak enhver tanke er det en ånd. I vers 47 ser vi at denne tankepilen ble godtatt: "Men da Jesus så deres hjertes tanke..."

Først kom tanken opp i dem, så lot de den slippe til og det ble en hjertets tanke. De ble bundet - den gikk inn i sjelslivet. Disiplene behøvde ikke å slippe denne tankepil inn i sitt sjelsliv. De kunne selv ha tatt autoritet over djevelens angrep med troens skjold, Guds Ord, og bedt tanken vike i Jesu navn!
"Gi ikke djevelen rom." (Ef 4,27)

Vi kan gjøre vårt eget valg her. Vi kan avvise alle djevelens angrep på vårt tankeliv og følelsesliv i Jesu navn. Gjør vi det, så kan han ikke få bundet oss.

Seier over Satan

"Vær derfor Gud undergitt! Men stå djevelen imot, så skal han fly fra dere." (Jak 4,7)

For å bli bundet i sjelslivet, må man godta Satans tankepiler som blir skutt mot vår forstand eller følelsesliv. Godtar vi tankene som en del av oss selv, er vi bundet.

Dette som da binder vår personlighet, sjelslivet, vil da prege oss i mer eller mindre grad. Et menneske som er bundet, vil oppleve at den tingen de er bundet av alltid vil være tilstede og plage i mer eller mindre grad. Å være bundet er å ha en demon i sitt sjelsliv. Mennesker som er født på ny kan også være bundet. Det bånd en person som er født på ny har på sin sjel, har vedkommende nesten alltid hatt med seg fra et liv som "ikke-kristen".

Hvordan bli fri fra bundethet?
Et menneske som ikke er født på ny, kan ikke bli løst fra bundethet. Forutsetningene for å bli fri er ikke tilstede dersom personen ikke er født på ny.
Hvordan blir da et menneske som er født på ny og er bundet av djevelen, satt fri?
Det kan skje på to måter: For det første slik som kvinnen med avmaktsånden ble løst.
"Da Jesus så henne, kalte Han henne til Seg og sa til henne: Kvinne, du er løst fra din vanmakt. Og Han la Sine hender på henne, og straks

rettet hun seg opp og priste Gud."(Luk 13,12-13)

Her kan vi se at Jesus gjorde som Bibelen beskriver:
"Han talte og det skjedde, Han bød og det stod der." (Salme 33, 9)
Her gjelder det samme som for besettelse.
Vi stoler helt på Ordet, "Guds Ord står evig fast!" (Salme 119, 89)

"Se, Jeg har gitt dere makt til å trø på slanger og skorpioner og over alt fiendens velde, og ingenting skal skade dere". (Luk 10,19)

Vi står fast på befalingen vi har gitt, og demonene som har bundet vedkommende, må gå. Vi tror Guds Ord uten forbehold.

"Men uten tro er det umulig å være til behag for Gud. For den som trer fram for Gud, må tro at Han er til, og at Han lønner den som søker Ham." (Heb 11,6)

Krumbøyd kvinne i India

I India ble jeg kalt hjem til en kvinne som var krumbøyd. Da jeg kom til dette hjemmet, la jeg hendene på henne og kommanderte vanmaktsånden til å forlate henne. Kvinnen rettet seg da opp med en gang - og var fri fra sin vanmakt.

Seier over Satan

Dette er den ene måten å bli fri fra bundethet
på: Et annet menneske løste personen i Jesu
navn. Den andre måten er å løse seg selv med
Guds Ord. Her er man ikke avhengig av andres
hjelp for å bli fri.
"Vær derfor Gud undergitt, stå djevelen imot,
og han skal fly fra dere." (Jak 4,7)
 "Igjen sier Jeg dere: Alt det dere binder på
jorden, er bundet i himmelen." (Matt 18,18)

I de fleste tilfeller så er man bundet i deler av
sitt sjelsliv, personlighet. Man kan bruke Guds
Ord selv, dersom man er grunnfestet i det. I
Jesu navn bindes demonen, den befales å
forlate sjelslivet ditt. Igjen er det helt
nødvendig å stå på den befalingen man har gitt
i overensstemmelse med Guds Ord, og den
ånden som har bundet, må gå. Imidlertid viser
erfaringen, at de fleste som er bundet trenger å
bli hjulpet av et annet menneske som er
redskap for Herren.

Hvordan beholde utfrielsen?
"Min sønn, glem ikke Min lære, og la ditt
hjerte bevare Mine bud. For langt liv og mange
leveår og fred skal de gi deg i rikt mål." (Ord
3,1.2)

Det viktigste vi kan gjøre for å beholde
utfrielsen, er å la Guds Ord få være rikelig i
oss. Lese mye Guds Ord, grunne på det.

Seier over Satan

La Ordet få bevege seg på innsiden, Ordet er kraftig og levende.

"For Guds Ord er levende og virkekraftig og skarpere enn noe tveegget sverd. Det trenger igjennom helt til det kløver sjel og ånd, ledd og marg, og dømmer hjertets tanker og råd." (Heb 4,12)

Herren sier at "Ordet skal gjøre det Han vil - og lykkelig utføre det som Han sender det til." (Jes 55,11)

"Ordet står evig fast." (Salme 119,89)
Enhver som har blitt løst fra bundethet, har alltid angrep fra djevelen kort tid etter utfrielsen. Enten gjennom en tankepil eller følelsespil, som går til angrep på akkurat den samme måten som den tidligere har gjort, i denne personen. Det er helt nødvendig for den som har vært bundet å være grunnfestet i Ordet, slik at man kan bruke det mot djevelens angrep. Vi avviser da angrepene med Ordet, som er troens skjold, i Jesu navn. Djevelen vil prøve seg flere ganger, men da han oppdager at vi står på Ordet uansett, så vil han etter hvert slutte å angripe.
"Gi ikke djevelen rom." (Ef 4, 27)

Seier over Satan

Seier over Satan

Undertrykkelse - hvordan bli fri?

22

I: Undertrykt

Hva vil det si å være undertrykt? Det vil si at det er noe som trykker oss ned fra yttersiden. Noe som prøver å undertrykke vårt intellekt, vår forstand eller våre følelser. Djevelen kan se fra yttersiden hvilke mennesker som er lett påvirkelige.

Når en person er bundet, så har han en demon i sitt sjelsliv, og den vil alltid være der og plage i mer eller mindre grad.

Undertrykkelse er ikke noe som alltid vil være der. Det vil oppleves som angrep, som uten varsel setter inn på tankeliv og følelsesliv. Det kan komme tanker eller følelser som en aldri før har tenkt eller følt. Man kan oppleve å bli skremt over seg selv på grunn av underlige tanker eller følelser. De fleste mennesker tror da at det er tanker eller følelser som en selv produserer, og mange kan få problemer og bli anfektet fordi man plutselig tenker eller føler slik. Men sannheten om dette er at det er en undertrykkelse fra djevelen. Dette er demoner, som ikke i første rekke er interessert i å komme

Seier over Satan

inn i et menneskes sjelsliv, men de er ute etter å plage. Min erfaring er at dette er det det er mest av. Bare å vite at tanker som kommer, ikke er av en selv, men fra djevelen, er allerede et skritt på veien til seier.

Bibelen sier: "For vi har ikke kamp imot kjøtt og blod, men mot makter mot myndigheter, mot verdens herrer i dette mørke, mot ondskapens åndehærer i himmelrommet."
(Ef 6,12)

Det å være undertrykt er å være under trykk fra yttersiden. Det kan være mot tankelivet eller følelseslivet, av demoniske krefter som er i himmelrommet.

II: Hvordan bli fri fra undertrykkelse?

"Og grip foruten alt dette troens skjold, hvormed dere skal kunne slukke alle den ondes brennende piler."
(Ef 6,16)

Her igjen er forutsetningen at man er født på ny. Hvis ikke, kan man ikke få seier over undertrykkelse. Det er her av stor viktighet at man vil leve overgitt til Jesus, og fylle seg med Guds Ord, troens ord. La Ordet leve i deg og få makt!

Hvis Guds Ord blir det dominerende i våre liv, så vil vi begynne å oppleve at Jesu seier er vår seier!

"Han avvæpnet maktene og myndighetene og stilte dem åpenlyst til skue, idet Han viste Seg som seierherre over dem på korset." (Koll 2,15)

Hvordan bli fri fra undertrykkelsen?
"Skikk dere ikke lik med denne verden, men bli forvandlet ved fornyelsen av deres sinn." (Rom 12,2)

"For å hellige det (sinnet), ved å rense det ved vannbadet i Ordet". (Ef 5, 26)

Ved å fylle oss med Guds Ord, ved å grunne på Guds Ord, vil vi oppleve at Ordet begynner å rense vårt tankeliv. Det vil bygges opp en indre styrke i oss, det vil bygges opp et troens skjold rundt vårt tankeliv og følelsesliv. Når så djevelen kommer med sine forsøk på å undertrykke oss, så får han ingen effekt av det han prøver på. Angrepene når ikke frem, Guds Ord er der som et skjold og beskytter! Det er Guds Ord som har begynt å dominere vårt tanke- og følelsesliv. Vi blir ikke dominert av et manipulert sjelsliv, men Guds Ord i oss styrker oss, forsvarer oss. Guds Ord i oss holder vår personlighet harmonisk i balanse - slik vi er skapt til å leve.

"Men Du Herre, er et skjold omkring meg, min ære og den som oppløfter mitt hode".
Og i Salme 5,13: "Som et skjold dekker Du ham med nåde." (Salme 3,4)

Sykdom - hvordan bli fri?

23

I: Sykdom

Sykdom har jo helt siden syndefallet i Edens hage vært menneskets største fiende. Hva er så sykdom, og hvor kommer det fra?

Sykdom angriper mennesker fra yttersiden på samme måte som undertrykkelse. Forskjellen her er at sykdommen, eller som det rette navnet er, sykdomsmakten/sykdomsånden - angriper legemet i stedet for sinnet og følelsene, slik de undertrykkende åndene gjør. Når sykdommen har befestet et legeme, vil en jo alltid få en påvirkning følelsesmessig og i tankene, men da ut ifra sykdommen i legemet.

Det som vi kaller sykdom deler Bibelen inn i to

"Han tok våre skrøpeligheter på Seg og bar våre sykdommer." (Matt 8,17)

Skrøpeligheter

Så sykdommer er påvirket av sykdomsmakter, onde ånder, mens derimot skrøpeligheter er noe som mennesket påfører seg selv. Ved ufornuftig bruk av sitt eget legeme, og ved å

Seier over Satan

bryte de naturlige lover som setter grenser for hva et menneske kan tillate seg å gjøre, uten å bli påført en skrøpelighet. En skrøpelighet kan forbli en varig skade, eller den vil lege seg på en naturlig måte. Er man utsatt for en ulykke, kan jo det påfører en skrøpelighet. Det å løfte tunge ting i en feil stilling, kan føre til at vi får en skiveutglidning i ryggen. Det er da en selvforskyldt skrøpelighet med en varig skade. Vi kunne ha løftet den tunge tingen i rett stilling og ha unngått skaden.
Er vi så uheldige å få kokende vann på oss, så får vi en brannskade. Vårt legeme er ikke lagd til å tåle ting med varme opp til kokepunktet. Det blir da her et brudd med naturens balanse for hva huden vår tåler. Dette er da selvfølgelig en uforskyldt skrøpelighet som vil leges på en naturlig måte hvis ikke skaden er blitt for stor.

Sykdommer
Når det gjelder det som Bibelen kaller sykdommer så blir bildet annerledes. Sykdommer er som sagt forårsaket av sykdomsmakter, demoner.

I 5 Mosebok kan vi se at sykdommer er benevnt med det personlige pronomen "de." (5 Mos 28,22)

Så sykdommen er personligheter. Vi leser: "… tærende syke, brennende sott, med feber og

Seier over Satan

verk, med tørke og kornbrann og rust, og de skal forfølge deg til du går til grunne".

Dette står i et kapittel i Bibelen hvor forbannelsen blir tatt opp, så sykdom er en forbannelse.

I Lukas kan vi lese om da Jesus kom til Peters svigermor som lå syk av feber. "Jesus sto over henne og truet feberen, og den forlot henne." (Luk 4,39)

Du kan ikke true noe som ikke forstår hva du sier, du kan bare true en person. Jesus så her at det var djevelen som var i arbeid med feber, så han truet feberen og den måtte gå. Slik arter feber seg også i dag. Feber er like mye en sykdomsmakt i dag som det var i Bibelens dager.

Like sant som det er at "Jesus Kristus er i går, i dag den samme, ja til evig tid." (Heb13,8)

Er det sant at djevelen og hans demoner er de samme? De bryr seg ingenting om hva vi mener om dem og deres eksistens, men de er reelle allikevel.

Telefonen:
Feberen som forlot gutten etter bønn over telefonen

Seier over Satan

Jeg husker et tilfelle hvor jeg fikk en telefon. Det var en far som ringte for sin sønn som hadde øreverk og feber. Jeg ba gutten legge telefonrøret på hodet, og jeg truet feberen og verken gjennom telefonen. Dagen etter traff jeg faren, og han fortalte at feberen og verken forsvant samtidig med at det ble bedt over telefonen. Sykdomsmaktene er virkelige og de må adlyde Jesu navnet. Selvfølgelig kan det gis mange fornuftige medisinske diagnoser, men allikevel er det en dypere årsak.

Vi leser videre:

"Da nå disse gikk bort, se, da førte de til Ham et stumt menneske, som var besatt (med en sykdomsmakt i legemet). Og da den stumme ånd var drevet ut, talte den stumme." (Matt 9, 32-33)

Her ser vi tydelig at sykdommen er en demon fra djevelen, altså en forbannelse - og ingen velsignelse fra Gud.
"Du målløse døve ånd, Jeg byr deg: Far ut av ham og far aldri mer inn i ham." (Mark 9, 25)

Her ser vi igjen at Jesus driver ut sykdomsmakten, demonen.

Seier over Satan

Sykdomsmaktene kommer ut og de stumme taler

I Afrika opplevde jeg det samme gang på gang, da jeg ba for syke i slutten av møtene. Jeg ba ikke for en og en, men tok autoritet over alle sykdomsmakter i alle legemer på en gang. I ett møte kom det frem to kvinner etter fellesbønn. De hadde begge vært stumme. Nå kunne de tale, sykdomsmakten måtte gå når den ble truet i Jesu navn, i tro. Som Bibelen underviser og erfaringene viser, så er sykdommer personligheter.

"Deretter førte de til Ham en besatt som var blind og stum (her igjen sykdomsmakter), og Han helbredet ham slik at den stumme talte og så." (Matt 12,22)

3 døve fikk igjen hørsel på likt

I India opplevde jeg i et møte, at mens jeg ba for syke, fikk 3 døve igjen hørselen på likt. Når vi begjærer og proklamerer seier på Ordets grunn, må sykdomsmaktene som hører oss, gå. De hører oss like godt som vi hører hverandre. De hører troens tale. Ved å befale blinde ånder å forlate de blindes øyne, har jeg opplevd at de adlyder, og de blinde ser. Det er ikke bare en såkalt sykdom vi har med å gjøre, men det er onde ånder i den åndelige verden som har kommet for "å stjele, myrde og ødelegge". (Joh 10,10)

Seier over Satan

Nå ser vi forskjellen mellom sykdom og skrøpelighet

Ved å be for kreftsyke, har jeg opplevd at ved å befale kreftdemonene å forlate personen, så forlater den vedkommende. Den som har blitt helbredet kjenner at sykdommen har forsvunnet og at kreftene har begynt å komme tilbake. Nå kan vi tydelig se forskjellen mellom sykdommer og skrøpeligheter.

"Han tok våre skrøpeligheter og bar våre sykdommer." (Matt 8,17)

IV: Hvordan bli fri sykdom og skrøpeligheter? Når det gjelder sykdommer, så kan vi behandle dem på samme måte i dag som Jesus gjorde i Bibelens dager. Men vi må gjøre det i Jesu navn.

"Alt det dere binder på jorden, er bundet i himmelen." (Matt 18,18)

Vi binder sykdomsmakten i Jesu navn og kommanderer den til å forlate den syke. Da må den adlyde. Det er ikke alltid at vi ser resultatet med våre fysiske øyne med en gang. Det kan skje momentant og det kan skje gradvis. Men det som skjer når sykdomsånden forlater personen på vår befaling, i Jesu navn, er at sykdommens opphav, dens liv i vedkommende

Seier over Satan

person, blir borte. Den ånd som ga sykdommen liv er borte.

"For liksom legemet er dødt uten ånd ..." (Jak 2,26)

Her ser vi at sykdomsånden gir liv til sykdommen. Når opphavet til sykdommen er borte, så vil legemet komme seg igjen etter sykdommen.

Se på følgende historie "Og Han tok til orde og sa til det (fikentreet): Aldri i evighet skal noen mer ete frukt av deg. Og hans disipler hørte det. Og Peter kom det i hu og sa til Jesus: Rabbi, se fikentreet som du forbannet er visnet." (Mark 11,14.22)

Her er et tydelig eksempel på at når livet blir tatt ved roten, så kommer resultatet etter. I India ble jeg budsendt til en kvinne med elefantsyke i beina. Jeg ble bedt om å be for henne, og tok autoritet over sykdommen i Jesu navn, og kommanderte den til å forlate kvinnen! Jeg så ikke noe synlig resultat, men det var skjedd. Etter at jeg var kommet tilbake til Norge, mottok jeg brev hvor det stod at kvinnen nå hadde helt normale bein og gikk omkring som alle andre.

Seier over Satan

Vi tar autoritet over sykdomsåndene i Jesu navn og kommanderer dem til å forlate den syke
Den syke kan motta utfrielsen synlig med en gang, eller etter en stund. Men i begge tilfeller dør sykdommen idet sykdomsånden forlater den syke. Vårt hovedvitne for en helbredelse er ikke hva vi ser og registrerer sanselig, men hva Guds Ord sier.

Og Ordet sier: "Ved Hans sår har vi fått legedom."   (Mark 11,14.22)

24 Hvordan bli bevart i full helse etter helbredelse?

Her som med de andre tingene vi har tatt opp, så vil den som har blitt helbredet i de fleste tilfeller oppleve at djevelen kommer tilbake og prøver seg. Han kommer da med symptomer som den tidligere sykdommen har hatt. Det han er ute etter, er å få oss til å tvile på at vi er helbredet, og få oss til å bekjenne med vår munn de tanker han kommer til oss med. Som for eksempel: «Jeg blir nok ikke helbredet», eller: «Helbredelse er ikke for meg».

Bibelen sier:
"Har du latt deg binde ved din munns ord, har du latt deg fange i din munns ord." (Ord 6,2)

Vi binder oss selv med vår munns ord. Det er som å ønske sykdommen velkommen tilbake når du bekjenner disse ting. Vi forfølger heller den seier som er vunnet over sykdommen, uansett hva djevelen prøver seg med av symptomer og tvilstanker på Jesu seier over sykdom.

Seier over Satan

"Vær derfor Gud undergitt, stå djevelen imot og han skal fly fra dere." (Jak 4,7)

"Og de seiret over ham, djevelen, i kraft av lammets blod og de ord de vitnet." (Åp 12,11)

Jesus gjorde verket for deg og meg. Vi bekjenner det Han har gjort for oss med vår munn, og står på det uansett hva sansene våre sier.

"Til frihet har Kristus frigjort oss, stå derfor fast, og la dere ikke atter legge under trelldoms åk." (Gal 5,1)

(Støttemateriale er hentet fra boken "Fremmede religioner" H.S.L. leksikon og I.B. leksikon).

Hvem vil Gud bruke?
"Er det ved Guds Ånd Jeg driver de onde ånder ut ..." (Matt 12, 28)

For å bli brukt av Gud, må vi ha Guds Ånd. Dersom du er født på ny, har du Guds Ånd, og du er en av de som Gud vil bruke. Når du er født på ny, har du "troens opphavsmann og fullender i din ånd." (Heb 12,2)

Bibelen sier videre at vi skal få kraft idet den Hellige Ånd kommer over oss og fyller oss. (Apg 2,3-4)

Seier over Satan

Da vi er født på ny, er vi troens folk - og Guds krafts folk.

"For alt det som er født av Gud, seirer over verden, og dette er den seier som har vunnet verden, vår tro."
(1 Joh 5,4)

Så du er en som tror? Altså skal disse tegnene følge deg!

"Disse tegn skal følge dem som tror, i Mitt navn skal de drive ut onde ånder, de skal tale med tunger. De skal ta slanger i hendene, og om de drikker noe giftig skal det ikke skade dem. På de syke skal de legge sine hender, og de skal bli helbredet." (Mark16,16)

Utøv den autoriteten som er deg gitt i Jesus Kristus. Jesu seier er din seier - bekjenn seieren - og handle på den. (Rom 10,10) De fleste tror at bare noen helt spesielle skal oppleve disse ting i sitt liv, men dette skal fungere i enhver kristens liv når det måtte være behov for det. Muligheten for det er gitt oss i Jesus Kristus.

"For dere skal kjenne sannheten, og sannheten skal frigjøre dere." (Joh 8,33)

La sannheten, Guds Ord, få gjøre deg disponibel som et redskap for Gud.

Seier over Satan

Seier over Satan

25

Erfaringer med demoner. Vitnesbyrd fra verden rundt

1 De falt i gulvet alle sammen

Satanister i Stavanger

Her kom jeg for aller første gang i kontakt med satantilbedere. En ung kvinne som hadde vært i et satanistmiljø der i byen i noen år, kom til meg. Hun sa hun hadde vært satantilbeder og ønsket å bli fri fra det. Dette igjen var en helt ny opplevelse for meg. Vi ble enige om å møtes på en parkeringsplass samme kveld. Dette var på høsten 1975, mørket hadde satt inn. Jeg kom til parkeringsplassen. Flammeringen

Det var lite biler på parkeringsplassen og det var helt stille. Plutselig dukket den unge kvinnen opp og jeg gikk bort til henne. Uten varsel kom en flammering rundt henne og meg! Den hadde en radius på 4 meter ut fra der vi sto og var vel 30 cm høy rundt det hele. Vi var på en måte fanget innenfor denne flammesirkelen!

Seier over Satan

Jeg forsto at Satan forsøkte å nå meg med
frykt. Men jeg befalte flammeringen å
forsvinne i Jesu navn - og den forsvant
øyeblikkelig!

Demonutdrivelse
Vi gikk av sted til et lokale hvor en venn av
meg ventet, og vi skulle be for kvinnen der.
Dette var første gang jeg skulle gjøre det. Jeg
gikk rett på sak og befalte de onde ånder å
komme ut! Kvinnen falt øyeblikkelig i gulvet
og talte fremmede språk. Jeg gjenkjente noen
av de forskjellige språkene hun talte. Satan
prøvde å slite meg ut ved å si at han gikk, men
så var han der likevel. Men vi ga ikke opp. Så
etter noen timer var kvinnen fri.

Utdypning
Flammeringen var en helt konkret og spesiell
manifestasjon, som lett går i Jesu navn. Dette
er manifestasjoner som ikke er i mennesket,
men utenfor. Derfor er den enklere å ta hvis
den som utfører dette er grunnfestet i Ordet, i
Ånden, lever overgitt til Kristus og lever i
erfaringen av det overnaturlige. Gjør man det,
så kjenner demonene vedkommende person, og
Kristus i ham - og går.

Fremmede språk
Vi vet at i psykiatrien er det mange forskjellige
uttrykk på psykiske lidelser. En av dem er

schizofreni. Her oppleves at personen kan ha flere personligheter. Hver av dem kan åpenbare seg med sin egen type adferd, personlighet, språk og lyd. Det er også mange andre psykiske uttrykksformer gjennom pasientene. Jeg har arbeidet i mange år i somatisk og psykiatrisk. Disse usynlige sykdommer er et mysterium innen psykiatrien. Det gjøres så godt som det er mulig for å mildne ned uttrykkene av den psykiske lidelse for pasienten, men med små resultater. Disse pasienters liv er en lidelse.

Det er helt klart å se at Guds visdom, grunnlagt på det skrevne Guds Ord, er den eneste løsningen her. Det kommer ofte frem i møtene med pasientene. Det gir klarsyn og enkelhet når man ser det hele fra Guds side. Ved mange anledninger på sykehuset oppleves manifestasjoner av demoner. Jeg ser uten tvil at det er demoner som er årsaken, det være seg blant schizofrene og psykiske lidelser. Det kom også klart til utrykk i kvinnen som var aktiv satanist i Stavanger.

Satantilbederne: «De døde får liv»

Da skjedde det neste. Plutselig kom flere menn inn døren og sa med monoton stemme: «De døde får liv».

Da reiste kvinnen seg opp og løp bort til dem - og de gikk av sted. Jeg ventet litt, men gikk så etter, og tok dem igjen litt lenger nede i gaten. Da sa en av satanistene: "Har du ild?" Jeg svarte ikke på spørsmålet, men la hånden på kvinnen. Hun falt rett i bakken. Da løp satanistene! Jeg løftet kvinnen opp. Siden den dagen har denne kvinnen vært frelst.

Mitt første møte med Satan og onde ånder i Afrika

Etter å ha vært frelst i tre år, hadde Herren undervist meg mye gjennom praktiske erfaringer og studier av Bibelen, om helbredelse og utfrielsestjeneste. På en måte var jeg litt forberedt for mitt møte med Afrika. Det aller første møtet i Afrika hvor jeg skulle tale var i Meru, Kenya. Dette ble starten på min verdensvide tjeneste, som ikke stopper før jeg reiser hjem til Herren (eller Han kommer igjen).

Jeg gikk ut på plattformen, med rundt 1000 mennesker til stede, og hadde laget en liten preken jeg kalte "Kraften i Guds Ord." Jeg talte så godt jeg kunne. Etter talen ba jeg for alle syke på en gang. Da, uten varsel, begynte de onde ånder å manifestere seg i mennesker rundt i folkemengden.

Mange ble fri bare ved å være i Den Hellige Ånds nærhet. Og nær en tro på den kraften som er i Den Hellige Ånd, på grunn av hva Kristus gjorde for oss på Golgata.

Seier over Satan

Det er visse ting som må være på plass for at
manifestasjonene og reaksjonene fra Satan og
de onde ånder skal komme: Aktiv tro på det
fullbrakte verket Kristus gjorde, er nøkkelen til
Den Hellige Ånds tilstedeværelse og
manifestasjon. Tre år tidligere hadde ikke
frelsen, eller et liv som kristen, vært i min
tanke i det hele tatt. Livet mitt hadde sannelig
blitt nytt!

Etter dette første møtet ble det mange møter
rundt om i Øst-Afrika i en hel måned. Over alt
skjedde det samme: De onde ånder kom ut uten
at jeg la hendene på mennesker, eller ba
spesielt for dem. Troen på Den Hellige Ånds
krafts nærvær og Guds Ord, Bibelen, brakte
resultatene.
"Grunnfestet og rotfestet i Meg" ble bare
sterkere og sterkere gjennom personlig erfaring
av at Bibelens løfter fungerer.
I et annet møte med rundt 400 mennesker til
stede, ba jeg også en bønn for alle under ett. Da
falt hele forsamlingen til bakken, og onde
ånder kom ut av mange plagede. Her kom også
de første engleåpenbaringene, som det også har
vært en del av. Nå hadde jeg begynt å oppleve
noe av det Det Nye Testamentet taler om. Og
jeg var klar for mer!

Seier over Satan

Utdypning

Dette er en mer standard åndelig opplevelse
ved proklamasjonen av Jesu forsoningsverk.
Da kommer gjerne demonene ut før jeg
begynner å tale. Det er ikke en demon som kan
stå seg imot Jesu Kristi forsoningsverk. De må
ut, selv om de ikke vil. De er som små barn, de
vil ikke gi seg - enda de vet de må.
Til India for første gang

Etter vellykkede dager med bibelsmugling til
Moskva, under Bresjnev og KGB's styre, gikk
veien til India. Vi landet i New Dehli. Dette var
min første tur av mange, til dette fantastiske
landet. Det var noe godt over nasjonen,
samtidig som man opplevde at det var onde
ånder som fulgte med en. I det ene templet jeg
besøkte i Bombay, kom de demoniske kreftene
over meg sterkt og strammet som et bånd rundt
hodet mitt. Det ble strammere og strammere.
Jeg kom meg ut av tempelet i full fart og priste
Herren for seier over de onde åndene, og det
slapp taket. Satan var tydeligvis ikke glad for
min inntreden i denne del av verden.
Så gikk veien videre med fly til Mangalore,
lenger syd i India. Her ble det mye møter,
helbredelser og utfrielser. Helbredelsene startet
da jeg inviterte syke til mitt hotellrom.
Besøkene lot ikke vente på seg. Mennesker
kom, ble frelst, løst og helbredet. Ryktene gikk
og nye møter ble satt opp.

Seier over Satan

Da de demonbesatte samlet seg bak plattformen.

Dette var første gangen jeg opplevde dette skje, at demonbesatte samler seg bak plattformen (1977). Siden har det skjedd omtrent på alle møter jeg har hatt over hele verden. Mens jeg sto og talte, merket jeg at noe skjedde bak meg. Der hadde de demonbesatte samlet seg. Jeg tok da et avbrekk i talen og pratet litt med dem og ga noen instrukser - og befalte demonene å komme ut i Jesu navn! Og de kom ut! Jeg fortsatte så med resten av talen. På slutten av møtet var det forbønn for syke og bønn om utfrielse for plagede - som ville gi sine liv til Jesus Kristus.

Utdypning

Demonbesatte og bundne av demoner, samles alltid. Dette er en merkelig opplevelse hver gang. De tiltrekkes av den Hellige Ånd. Det er en underlig ting. De demonbesatte, eller bundne, kommer med trusler - men de kommer også med ros og skryt. De er veldig ofte helt forvirret, men prøver ved hjelp av frykt å få et overtak.

Husk, det er vi med troen på Kristi kraft som har seieren - alltid! Det er rart å se at ånd kaller på ånd, selv om den ene er Satan og de onde ånder. Vanndyp kaller på vanndyp. (Salme 42,8)

Seier over Satan

To forskjellige typer heksedoktorer
Den ene typen er den som driver med
urtemedisin og leser sine besvergelser over
den. Det er hva jeg kaller "light-doktoren."
Den andre typen er av litt tyngre kaliber. Det er
de som lever i naturreligionen hvor de tilber
stokk og stein, bokstavelig talt. Når de tilber,
åpner de sitt indre menneske, sin ånd, for andre
makter. Når de gjør det, introduserer Satan og
demonene seg selv for dem og de blir besatt.
Husk: Det er bare oss selv, med vårt viljeliv,
som kan slippe noe inn i vår ånd! Vil vi ikke ha
noe inn der, så kommer det ikke inn. Du
bestemmer.

Besettelse, bundethet og undertrykkelse

Her snakker vi om besettelse (sette seg) i
menneskets ånd, ikke bundethet i
personlighetens/sjelens område, hvor
manipulasjon av tanker og følelser foregår.
Heller ikke i området for undertrykkelse, som
er angrep utenfra mot sjel/personlighet.
En sykdomsånd er igjen en litt annen variant.
Her er det snakk om en besettelse (sette seg
på), infiltrasjon av legemet fra yttersiden og
inn.

Sitron med pinner i

Djeveltilbedende heksedoktorer har mange
forbannelsesvarianter som tar livet av

Seier over Satan

mennesker. Jeg nevner her en som viser vår suverenitet i Kristus Jesus. Han er den som har seiret for evig over Satan og de onde ånder. Paktens blod, Jesu dyre blod er vårt paktsblod, som viser den evige seier Kristus vant for dem som har Han som Herre i sine liv.

Når heksedoktorer vil ha noen eliminert/drept, bruker de noen ganger denne metode: De stikker 6 pinner inn i en sitron og legger den utenfor huset til den de vil drepe. Så leses det besvergelser over sitronen, og sitronen løfter seg fra bakken og begynner å sirkle rundt huset hvor offeret bor. Sitronen kan ikke gå inn i huset, den venter til offeret kommer ut. Da skyter den fart og dytter bort i vedkommende, og personen faller død om.

Dette har også vært forsøkt mot misjonærer. Sitronen har skutt fart mot misjonærene, truffet dem og falt til bakken. Misjonærene merket ingen ting, bortsett fra at de så en sitron på bakken med pinner i! Det er seier i Jesu Kristi blod for oss, når Jesus er vår Herre.

Utdypning
Har man vandret i Herrens nærhet og tjeneste noen år, så blir man som Salmene sier det så flott: "Av barns og diebarns munn har Du grunnfestet en makt for dine motstanderes

Seier over Satan

skyld, for å stoppe munnen på fienden og den hevngjerrige." (Salme 8,3)
Vet vi at vi lever i Herrens nærhet og tror det så sterkt at vi vet, så blir det som sagt også beskrevet i våre liv.

Brev - og oppmøte av heksedoktorer

Noe som alltid skjer på møtekampanjer i Afrika, er at heksedoktorer kommer på møtene. De holder seg på lang avstand, eller oversender meg brev via mellommenn. Brevene blir levert der jeg bor, eller rett til meg på plattformen i møtene. Mine medarbeidere har fått stukket til seg mange slike brev. Dette er en underlig sak, men slik er det, ondskapens åndehær trekkes dit Åndens kraft åpenbarer seg.

Morrogorro

Da jeg ankom Morrogorro sent på kvelden 2 dager før møtekampanjen skulle holdes, kjente jeg at ved innkjøringen til byen på venstre side var det en åndelig aktivitet. Jeg sa til Terje, min medarbeider: "Sving inn her. Her er noe på gang." Dette var før vi hadde ankommet byen. Vi svingte av bort en humpete jordvei og kom rett inn på en gravplass. Det var helt svart ute, for det var sent på kveld. I Afrika er det som når noen slår av lysbryteren klokken 18. Vi gikk ut av bilen, og jeg ble veldig overrasket over hva vi så.

Seier over Satan

Voodoo

hadde et sterkt feste i denne byen og hadde
kontrollen, det hadde vi forstått. Plutselig,
mens vi sto der, ble vi omringet av afrikanere.
De dukket opp som fra intet. De ville angripe
oss fysisk, men vi gikk rett imot dem. Da roet
de seg ned og gikk til siden så vi kunne gå inn i
bilen og kjøre videre. Jeg kjente det så sterkt,
nå var kampen om byen i gang. Vi var klare!

Utdypning

"Og dess fastere har vi det profetiske ord, som
dere gjør vel i å akte på som på et lys som
skinner på et mørkt sted." (1 Pet 1,19)
Herren er med oss, men det betyr ikke at vi
slipper unna alle vanskeligheter. Bibelen sier:
«De som vi følge Meg, skal bli forfulgt». Har
vi ikke kommet til dette punktet av overgivelse
i våre liv, får ikke Herren brukt oss. Derimot
kan vi lure oss selv hvis vi møter på demoner
likevel. Da blir det dårskap i stedet for tro, og
Satan kan komme inn på oss. Da kan vi bli
bundet i stedet. Dette er det mange som har
opplevd. Da blir livet en usunn kristen livsstil
som ikke blir til Herrens ære. Full overgivelse
til Kristus er nøkkelordet.

Vannflom

I Morrogorro sto 3 heksedoktorer på god
avstand fra korstogsplassen. De hørte talen min
til de 10 000 fremmøtte.

Seier over Satan

En av mine medarbeidere gikk over til dem og de ga ham en trussel som skulle overbringes meg. Det var: "Hvis den mannen ikke stopper å tale, vil vi la en flom komme over hele området, alle vil drukne i vann." Jeg fikk beskjeden og fortalte den til folkemassen. Da ble det helt stille. Byen var i kontroll av 7 heksedoktorer som bodde på fjellet bak oss! Dette hadde Gud vist meg i et syn natten før, så jeg var ikke overrasket. Jeg sa til folket: "Ja, det kommer en flom i kveld, men det er en flom av Den Hellige Ånds kraft til frelse, helbredelse og utfrielse fra ondskapens åndehærer!" Så gikk jeg inn i avslutningen av møtet - og det brøt igjennom til full seier! Alle ville ha amulettene og besvergelsene gjort maktesløse i sine liv, i familien og i sine hus.

Utdypning

Mange kristne har en sterk teoretisk tro på Herren, men den faller i første sving når en konfrontasjon møtes. Jeg husker en kristen som absolutt ville reise til India på misjon. Jeg hadde allerede reist der i mange år og mye angående mine reiser og opphold der var vel kjent. Personen skulle da av sted og forsøke det samme. Men saken er - i Guds rike prøver vi ikke, vi tror med overbevisning i vårt hjerte. Vedkommende kom raskt hjem igjen fra India og måtte på et lengre opphold på en psykiatrisk klinikk.

Seier over Satan

"Alt det som er født av Gud, overvinner
verden. Og dette er den seier som har
overvunnet verden, vår tro."
(1 Joh 5,4) La det seirende livet bli født, vokse
og komme til modenhet.

Husrensing og brenning av amuletter

Jeg ble enig med de fremmøtte at vi skulle ha
en "hus-til-hus-rensing." Alle hadde amuletter
fra heksedoktorer hengende over
inngangsdøren. Jeg og teamet tok runder og
renset opp, ba, fjernet og brant amuletter på
bål, i Jesu Kristi navn. Et sterkt feste i den
åndelige verden over byen var brutt. Folk over
hele byen begynte selv å ta ned amulettene med
besvergelser, som de hadde over husdørene.

Utdypning

Det er ikke bare i den tredje verden man
trenger å få renset husene for avgudsamuletter.
Det er like mye i den vestlige verden, men av
en litt annen karakter. Det er mange ting som
kan binde oss, hindre oss, noe som åpner døren
for demoner. Det kan være såkalte «uskyldige»
ting. Men at det ødelegger for våre liv, er helt
klart at det gjør. Vi må forstå at der er en
åndens verden rundt oss hele tiden som ønsker
å komme i posisjon for å ødelegge oss.
Satan og demonene vet de har tapt
De vet de har tapt, men gir seg ikke. De er som
barn i trassalderen som tror de kan gjøre det de

vil, men vet de ikke kan. De sier "jeg vil, jeg vil, jeg vil." Men den går ikke. Jesus Kristus har seiret for oss! Hele åndeverdenen skjelver hver gang en gjenfødt troende av Kristus Jesus står frem i tro med Åndens kraft!

Innsikt i det åndelige
Herren vil vi skal bli mer familiære med den åndelige verden. En ting er å ha kunnskapen om det. Men det er den personlige kjennskapen, gjennom utfordring og overgivelsen til Herren, som gjør at man med trygghet kan bruke de redskapene som Herren har gitt oss i Sitt skrevne Ord, Bibelen. Det er mange som prater om å ha det ene eller det andre, uten at det finnes noe hold i det de sier. Det er de som Kristus er hele livet for som kan komme inn i den åndelige verden. Et liv ikke bare med prat om et overgitt liv, men med et overgitt liv, som andre vil se og forstå. Ord er billige, det er livet som må gis.

Bitt av demoner i Romania
Jeg hadde hatt møter en hel uke i Sala Polivalenta, Bucuresti, hvor jeg var første mann inn med evangeliet etter diktatorens fall i nasjonen Romania. Mitt første besøk der var 3 dager etter diktatoren og hans hustru ble henrettet. Jeg satt i møter med kriseregjeringen i utenriksdepartementets bygg i 2 dager

Men tilbake til møtene i Sala Polivalenta, som var 2 måneder senere enn møtet med regjeringen. Etter en uke med møter kom nå søndags formiddagsmøte og da med et påfølgende avslutningsmøte på kvelden. Hele uken hadde idrettsarenaen vært fylt med mer enn 15 000 mennesker kveld etter kveld. Nå var jeg klar for det nest siste møtet.

Jeg våknet ved 7 tiden på morgenen og badet i svette og hadde høy feber. Jeg var i elendig form. Kjente også veldige smerter i hele venstre overarm. Jeg snudde hodet for å se hva det var, og så hele overarmen var blårød. Det var flere store bitemerker av mennesketenner. Det kunne tydelig ses at det var menneskebitt. De andre som bodde i leiligheten så det også. Demoner har ikke noe legeme, så de søker alltid etter legemer de kan gjøre sine gjerninger igjennom. Her var tydelig en demon eller flere, i et menneskes skikkelse, som hadde klart å gjøre dette imot meg i løpet av natten. Det virker nesten umulig at det kunne ha blitt gjort gjennom stengte dører og uten at jeg våknet, men det skjedde.

Det lå en åndelig dimensjon bak dette angrepet, det var årsaken til at det kunne skje. Demonene hadde brukt et menneske. Hvordan de fikk det til vet jeg ikke, men de gjorde det. Jeg ba de andre i teamet reise og klargjøre møtet, og sa jeg ville komme etter. Måtte bare komme, det

Seier over Satan

var jeg som skulle tale - og 15 000 mennesker ventet! Var gjennomvåt av svette og tvang meg selv inn i dusjen.

Sjåføren min sto tålmodig og ventet i over en time på meg. Da vi kom opp til møteområdet, strømmet mennesker til. Jeg kom meg inn på baksiden og etter hvert opp på plattformen. På dette møtet, foran 15 000 mennesker, satt jeg på en stol og talte! Jeg var så dårlig, men mennesker ble helbredet, løst fra demoner og frelst i stort antall! Mennesker strømmet frem og tok tak i skoene mine der jeg satt på plattformkanten. Ingen ble bedt om å komme frem. De bare kom med de syke, som ble helbredet da de berørte skoene mine. Det er var ikke jeg som gjorde det, men Herren!
Vi er bare mennesker, men med livet i Herrens hender. Og med livet i Hans hender, kan Han få brukt oss i Sin guddommelige, evige plan. Ting skjer ofte på måter vi ikke en gang tenker på.

På offeralteret sammen med hinduprestene i Modabidri, India
Der i byen var det ingen kristne, alle var hinduer. De som hadde hjulpet meg med å få i gang møter, var hinduer, som etter hvert også ble frelst. Denne kvelden var jeg på vei ned til den store hindufestivalen hvor titusener av hinduer samles.

Seier over Satan

Hinduasketer slår tykke trepinner igjennom leggene. Andre asketer får store kroker gjennom ryggskinnet og blir heist opp i luften. Mens andre igjen får nåler gjennom armer og ansikt, og går over glødende kull. Store elefanter som er pyntet og malt er alltid med. Vann farget rødt blir kastet ut over alle hinduene. Også jeg fikk en dusj av det rødfargede vannet. Ekstatiske tilstander nærmet seg. Her er ikke vanskelig å merke et voldsomt demonisk nedslag, alle er under dets kontroll. Menneskeblod blir ofret.

Tidligere ofret de mennesker til guden Shiva, som krever det. Det er den øverste hinduguden. Menneskeofringer skjer enda i hemmelighet, selv om det ble forbudt ved lov i 1948. Her ser man hedenskapet i funksjon.
Jeg ble dratt med opp på offeralteret også, ved siden av hinduprester i ekstase. Jeg så bestemt på dem, og de på meg. De merket en Åndens kraft fra meg, og usikkerheten kommer frem i ansiktene deres. De begynte med blomsterofringer først, med titusener av hinduer i ekstase.
Dette er demonisk!

Shavaer
Jeg gikk ned fra alteret og bortover plassen. Da kommer åtte shavaer rullende mot meg i stor fart. Det er kun en mulighet for hvordan de kan

Seier over Satan

rulle i så stor fart og holde en bestemt retning.
Dette er mennesker inntatt av demoner som er
en del av det hinduistiske, religiøse, demoniske
system. Dette er deres oppgave i livet, som de
går helt inn for og er demonisk fanget av. De
ser ikke ut som mennesker der de kommer
rullende. De ser ut som en type gale monstre.
Flere av dem forsøker å bite meg i ansiktet og
på armene. Andre forsøker å kaste mer
rødfarget vann over meg. Men jeg klarer å
komme unna.

Jeg opplever meg privilegert av Gud, nettopp
fordi jeg kan få bringe evangeliet ut til de
unådde hedninger verden over. Og få personlig
kjennskap til dypet i den sataniske og
demoniske åndeverden. Det er et privilegium å
få være der i dypet av de demoniske krefter
med Jesu Kristi seier. Et lys i dette mørket. Her
kan vi snakke om det sangen sier:
"Det lille lys jeg har, det skal få skinne klart,
skinne klart, skinne klart, skinne klart."

Pytondemonen biter på Malaysia

Her talte jeg inne i gigantiske bambushytter.
Herrens seier kjentes så sterkt! De demoniske
makter gir seg ikke, enda de vet de er slått - og
dagen kommer da de blir evig straffet. Kanskje
det nettopp er derfor de ikke gir seg. Men husk:
Seieren er vår!

Seier over Satan

Jeg vil bare nevne «pyton», spådomsånden her i møtet. Det var en underlig opplevelse. En voksen kvinne kom inn gjennom døren langt bak. Det sies at Satan var en vakker skapning før han måtte krype på sin buk og ble slange. Her kom denne kvinnen inn helt bakfra, ikke gående, men liggende på gulvet ålte hun seg fremover akkurat som en slange. Det var 15 meter frem til meg på plattformen. Der forsøkte hun flere ganger å bite meg, men jeg kom meg unna.

Utdypning
Her ser vi at Satan og de onde ånder også er ute for å skade oss fysisk. Jeg ble bitt kraftig i Romania, med påfølgende kraftig feber i flere dager. For at ondskapens åndehærer skal kunne bite, må de ha et legeme å utføre det gjennom. De åndelige skapninger kan jo ikke bite fysiske skapninger. Det er forskjellige dimensjoner. Så for å utføre ugjerningen, må de inn og ta kontroll i en fysisk skapning.
Kaste ut demoner – en av evangeliets praktiske virkeligheter

På en møtekampanje på en øy i det Indiske Hav, var en del medarbeidere fra Norge med. I disse møtene fikk de som oppgave å ta de demonbesatte menneskene ut av folkemassen, og legge dem bak plattformen for å drive demonene ut av dem. Når jeg begynner å tale,

Seier over Satan

kommer det alltid demoniske manifestasjoner gjennom de besatte og bundne. Når nordmennene som var med så det, gikk de inn i folkemengden og tok de plagede ut. Og bak plattformen satte de i gang med oppgaven de hadde fått. Noen spurte meg:" Er det ikke farlig for oss?" Jeg svarte at jeg hadde kontrollen i ånden. "Så hvis dere vil stå på og lære, er dette anledningen. Dette er ikke teori, men evangeliets praktiske virkeligheter. Får dere problemer, så rop til meg på plattformen."

Kan jeg klippe av amulettene?

En av de kvinnelige studentene kom opp på siden av plattformen og ropte: " Tom, noen holder på å bli kvalt av kjeder med amuletter de har fått av heksedoktorene. Kan jeg klippe dem av med saks?" Hun veivet med saksen så jeg skulle se den." Ja, klipp i vei," sa jeg. Etter en stund kom hun ved siden av plattformen igjen:" Tom, jeg klippet av kjedene, nå puster de fint og er fri demonene."
Er ikke dette flott! Jesus lever og vi lærer å samarbeide med Herren!

Utdypning

Her igjen ser vi at kontaktpunktet (festet) til demonen må vekk - før frigjøringen kan komme. Disse menneskene hadde blitt kvalt hvis amulettene ikke hadde blitt fjernet. Demonene slipper ikke frivillig offeret. Det er ikke vanskelig å se alvoret i dette. Demoner i Øst-Europa – Dnepetetrovsk,

Ukraina

Jeg smuglet mange Bibler til Øst-Europa på 1970-tallet. Da hadde murene falt, så vi stormet inn med evangeliets forkynnelse til frelse, helse og utfrielse fra demoner. Jeg ble faktisk overrasket, det er jo mer demonisk aktivitet i tidligere østblokken enn det er i andre deler av verden! Parapsykologi ble universitetsfag i Moskva i 1965. Hva er årsaken til dette? Den er ganske enkel: "Evigheten er nedlagt i alle menneskers hjerter." (Pred 3,11) Karl Marx`s kommunistiske manifest ville forby kristendommen. Men evigheten er lagt i våre hjerter, så lengselen etter det åndelige liv er der. Fikk de ikke Kristus, så tok de det som var tilgjengelig. Og det var dessverre Satan og demonene. Derfor har det under hele den kommunistiske tid, vært tykt av okkultisme i østblokken.

I møtene jeg hadde der var det rundt tusen stykker til stede hver gang. Her var det massivt

Seier over Satan

med demoner. Mennesker lå i timevis helt
stive, som i koma. Men ble satt fri i
mengdevis! Pastorer som kom til møtene, ble
sinte på meg, på grunn av dem som lå helt
stive. Frykten tok dem. De fikk ikke liv i dem
og snakket om å hente politiet. De skjønte
ingenting av det som foregikk. Det var en
massiv utgytelse av Den Hellige Ånds kraft til
utfrielse fra demoner. De som lå stive som i
koma, kom til seg selv igjen etter hvert og var
fri demonene.

Utdypning
Kommunistnasjoner med forbud mot all kristen
aktivitet, var en drømmesituasjon for Satan og
demonene. Evigheten er jo nedlagt i alle
menneskers hjerter. Så hvis tilgangen til
Kristus blir frarøvet folket, søker folket andre
åndelige retninger. Fordi lengselen er lagt ned i
oss av Gud.

Hendene i været og demonene kommer ut - Etiopia 2011
Jeg hadde en uke med møter i Etiopia ved de
store muslimske områdene. Det var 30 000
mennesker på første møtet og mengden vokste
til 100 000 siste kvelden. Nest siste møtet satt
jeg på plattformen. Der fikk jeg hjerneslag og
falt over stolen. Alle sang, spilte og danset,
ingen så hva som skjedde. Etter lang tid kom
den ene sangeren bort til meg og fikk hjulpet

meg ut i bilen, hvor jeg ble sittende en stund og vente før han kjørte meg til hotellet. Der la jeg meg på sengen og sov til neste dag. Ryktene gikk om at jeg var på sykehuset, men det stemte ikke. Formen var meget dårlig, men jeg kom meg til siste møtet. 100 000 mennesker var der. Jeg orket ikke tale, men gikk ut på plattformkanten og løftet armene, uten å si noe. Da stormet de demonbesatte frem foran plattformen, over femti stykker. De rullet rundt og kastet opp. Demonene kom ut med høye skrik i nesten en hel time. De skrek og de skrek. Jeg sto bare der med hendene i været. Da alt stilnet, tok jeg hendene ned og satte meg. Jeg var helt ferdig, og kom meg til hotellet for litt hvile og søvn.

Utdypning

"Ikke ved hær og ikke ved makt, men ved Min Ånd, sier Herren hærskarenes Gud." (Sak 4,6) Når jeg er skrøpelig, er jeg sterk!

Vi må Leve i hvilen på at det er Han som gjør verket, ikke vi. (2. Kor 12,10) Vi skal være kraftkanaler. Vi må våge å tro det og leve det ut. Han har for evig gjort alt ferdig for oss. Pasientene i Rasgrad og demonene som kom ut Fantastiske dager i Rasgrad, Bulgaria. Møtene ble holdt i en stor park vegg i vegg med et stort sykehus. Mange pasienter kom i sykehustøy, og ble frelst og helbredet. Ti tusener var på

Seier over Satan

møtene. Her skjedde noe underlig. De demonbesatte kom frem til plattformen, bøyde hodene, la hendene på plattformen og kom med underlige lyder. Det sto mange der. Offentlige vakter ville fjerne dem, de forsto det var vanskelige personligheter. "La dem bare være, dette går bra," sa jeg, og gikk bortover og la hendene på hodene deres, en etter en. De ble alle satt fri! Dette var fantastisk å oppleve for alle som var til stede.

Utdypning

Det som her skjedde viser en voldsom maktdemonstrasjon fra Herren. Her hadde demonene gitt helt opp, de bare ventet på gå-signalet fra meg. Det fikk de, og alle ble satt fri. Der de sto, kom de med små ynkelyder. Det er de samme ynkelydene jeg har hørt når jeg har vært i bønn.

Rådhustrappa i Mercur, og demonene

Dette var en by hvor demonene hadde fått et skikkelig fotfeste. Plakatene som var hengt opp i byen av meg angående møtene, var malt med satanhorn på hodet mitt. Jeg fikk ikke lov til å tale uten politivakt. Det var heller ingen som våget å tolke meg! Tilslutt fikk jeg tak på en journalist i en avis. Hun var ikke kristen, men sto på og tolket. En gruppe voldelige anarkister, kommunister, ateister og gudsfornektere skulle ta meg, men politiet

Seier over Satan

beskyttet meg. Jeg sto på rådhustrappen og talte, og mennesker ble frelst, helbredet og løst fra demoner. Da demonene kom ut, gikk det som sjokkbølger i folket. Ingen forsto hva som skjedde eller hvordan det kunne skje, så det måtte jeg forklare inn i deres vantro. Denne byen var som kjølt ned av demoner, man kjente et kjølig gufs over alt. Men nå var Kristus kommet til byen!

Utdypning

Her ser vi aggressive demoner, som de alle er, men disse var verre. Disse var mer lik dem som biter. Så vær sikker og trygg på at du hver en dag lever under blodets beskyttelse! Det er vår redning den tiden vi er her på jorden, før vi reiser til herligheten.

Demonbefrielse i den ortodokse kirke i Istanbul
Jeg har talt i Istanbul ved flere anledninger. I Tyrkia er det fremdeles forbudt å forkynne evangeliet. Jeg fikk låne en gammel ortodoks kirke ved denne anledningen, og hadde ellers møter på forskjellige steder i Tyrkia også på denne turen. Alle møtene var hemmelige. Her i den ortodokse kirken arrangerte jeg møter spesielt til dem som trengte utfrielse.

Averteringen gikk med jungeltelegrafen Istanbul rundt. Her i den ortodokse kirken kom muslimer i burkaer, med åpne sinn og hjerter

Seier over Satan

for å bli løst fra demoner og bli frelst. Dette var noe helt utenom det jeg hadde forventet. Demonene ble kastet ut, muslimene ble ledet til Kristus og gitt de første grunnsannheter å holde seg til. Videre fikk de kontakt med lokale "hemmelige" kristne.

Utdyping

Det var nesten underlig, men det var og er fremdeles, en veldig motstand mot den oppstandne Jesus i Tyrkia.   Det var jo hit til Istanbul, eller Konstantinopel som byen het i år 1000, den katolske kirke kom og hadde hovedsete.

Her delte den katolske kirke seg i 2. Den ene delen som ble kalt romersk katolsk gikk mot vest. Den andre halvdelen, ble den gresk ortodokse kirke og gikk mot øst. Den katolske kirke hadde utviklet seg sakte fremover fra rundt det første århundret etter Kristus. De distanserte seg raskt fra det guddommelige med Kristus. De grep heller tak i helgendyrking og tilbedelse av jomfru Maria. Den ene halvdelen av Tyrkia er i Asia, og da muslimsk. Mens den andre halvdelen er Europeisk, og der vil de ikke ha kristendommen. Det er ikke vanskelig å se demonene i absolutt alle sammenhenger. De er overalt. Vår virkelige verden er først og fremst åndelig.

Seier over Satan

Naglet til gulvet i Jesu Navn

Et annet tilfelle av demonutdrivelse i Norge, hvor vedkommende hadde vært medlem i en satankirke, viste den besatte en så stor styrke, at jeg ikke fikk holdt ham i ro. Da bandt jeg personen til gulvet i Jesu navn, på hender og føtter. Det skjedde umiddelbart, han klarte ikke å løfte verken hender eller føtter fra gulvet. Deretter ble demonen drevet ut og personen var fri.

Demon-røyk

Dette skjedde på samme møte som de 15 000 tilstedeværende så Jesus bak meg på plattformen og englene ved siden av meg. Da jeg i slutten av dette møtet befalte demonene å komme ut av de plagede, steg det sort røyk opp fra mange av de tilstedeværende i møte og vi hørte skrik. Det var helt åpenbart at demonene kom ut av de plagede. Etter hvert som de sluttet å skrike, kunne vi høre de takke Jesus for frihet fra ondskapen.

Mennesker i koma i Ukraina

Dette var en helt ny opplevelse for meg. Jeg har satt meg litt mer inn i det i ettertid, siden det var såpass spesielt.

Det var tusener av mennesker på møtet, pastorer fra flere byer var også til stede. Mange kom opp og vitnet om sin helbredelse fra sykdom. Jeg la ikke merke til alle som var på den store plattformen, det overlot jeg til medhjelperne. Plutselig så jeg 3 mennesker lå som døde på plattformen. Det var ikke bare at de hadde gått i gulvet under den Hellige Ånds kraft, det så jeg. Dette var annerledes. Disse hadde gått i koma. Pastorene som var på møtet, begynte å anklage meg på plattformen, for noe de ikke visste hva var. Jeg fikk noen av medarbeiderne mine til å passe på dem, og fortsatte med resten av møtet. De som lå i koma, lå slik i nesten 2 timer. Da kom de til seg selv. Det viste seg at de var plaget av demoner, så jeg kastet de ut av dem i Jesu navn.

(Jeg ble fortalt av en som hadde opplevd dette selv i møter. Han sa: Noen demoner kan forårsake komatøs tilstand. Selvfølgelig sa jeg da, slik er det).

De lå i koma

En gang jeg hadde møter i Øst-Europa skjedde noe spesielt. Jeg fikk en lege opp på plattformen for å sjekke det som skjedde. Han sa at flere personer som kom opp og ville bli helbredet, lå i koma. Jeg hadde allerede bedt for syke, men de ga seg ikke, så de kom opp på plattformen. Etter hvert som de kom opp, falt de i gulvet og gikk i koma. Her lå de altså! Da forsto jeg at dette var en taktikk demonene brukte, for å hindre meg i å kaste ut de ledende demonene i disse menneskers liv. De lå i koma

Seier over Satan

i godt over en time, etter det kviknet de til. Da ba jeg for dem, og demonene gikk - og de var friske! Akkurat som i Bibelens dager. (Se Markus 5,35-42)

Demonene gjør alt de kan for å hindre det fullbrakte verks fremgang. Venner, vi må være målbevisste, viljesterke troende til evig tid. Herren vil gjøre storverk gjennom oss alle, helt til Jesus kommer igjen. Uansett hva problemet måtte være, så kommer Jesus med svaret - også i slike situasjoner. Gud velsigne dere alle, stå på som Herrens tjenere til Jesus kommer igjen.

Hvor som helst er Jesus den samme!
"Jesus Kristus er i går, i dag den samme, ja til evig tid." (Heb 13,8)

Seier over Satan

Seier over Satan

26 Refleksjon

Denne boken er et resultat av alt Herren har lært meg, vist meg, ledet meg igjennom og undervist meg praktisk i. Dette har ikke skjedd over natten, men er et produkt av min vandring med Herren - i liv og tjeneste verden over. Dette er erfaringer fra forskjellige religioner, okkulte retninger og spiritisme, i mer enn 40 år. Den verden vi lever i, er mer styrt og kontrollert av mørket enn den noensinne har vært i historien.

Jeg ønsker at denne boken skal være en lærende opplysningsbok om disse ting til deg.

Verktøy for utfrielsens tjeneste

Du som ikke er ute etter åndelige eventyr, men som har en ledelse i din tanke og i ditt følelsesliv til å leve ditt liv som en kriger for Kristus. Det er slik Herrens ledelse og kall kommer til deg, på en enkel udramatisk måte. Bruk gjerne boken også som en oppslagsbok når du kommer i situasjoner, hvor du trenger å få litt mer klarhet.

Seier over Satan

Denne boken vil åpne øynene for helt nye ting i
ditt liv. Anbefaler også boken min:
"Dressa opp for seier".
Avkledd for å bli påkledd

Du må bli avkledd for å bli påkledd, for en
tjeneste som en Kristi kriger. Seier over Satan
kan bli en realitet i ditt liv, i tjeneste for
Kristus, som en kriger. Det er seier over Satan.

Seier over Satan

Nye Bøker av Tom Arild Fjeld

Utgitt nå

Kraften vinner krigen
Få lausbikkja ut
Den skjulte verden
"Dressa opp for seier"
En kriger for Kristus

Tidligere utgitte bøker

Hvordan motta Frelsens mirakel (utgitt på flere språk)
Hvordan motta helbredelsens mirakel
Mer enn en overvinner
På Barrikaden
Nøkkelen til alt - tro
Virkelig fri

Tom Arild Fjeld har reist over hele verden og forkynt evangeliet siden han var en ung mann. De siste årene har han skrevet mange bøker, som kommer ut etter hvert. Aktuelle bøker for den tiden i historien vi lever.
Følg med på sosiale medier, kristne TV-stasjoner og aviser hvor han har møter og undervisning.
Vær gjerne med og støtt tjenesten regelmessig økonomisk, eller bli en praktisk partner i den.

Seier over Satan

Seier over Satan

Følg sidene www.BrotherTom.org ,
Tro & Visjon på Facebook og
www.twitter.com
Ta kontakt på Facebook eller
www.tomarildfjeld@gmail.com

Misjonsmenigheten Tro & Visjon
Konto nr. 0532.37.94229

Seier over Satan

Seier over Satan

www.ingramcontent.com/pod-product-compliance
Lightning Source LLC
Chambersburg PA
CBHW072004040426
42447CB00009B/1485